東大生的

東大生的強者思維特訓課

特訓課

提升記憶、表達、分析、創造力，不只考高分任何事都學得快、做得好！

「考える技術」と「地頭力」がいっきに身につく 東大思考

西岡壱誠｜著　楊毓瑩｜譯

前言

「聰明的人為什麼會聰明？」

你曾經有過這樣的疑問嗎？

明明念書時間一樣，成績卻差很多；看同一本書，吸收到的資訊量也截然不同——**聰明的人和不聰明的人差真多**，你應該有過這種感受吧。

「到底是什麼原因造成這樣的差別？」

「怎樣才能變聰明？」

這本《東大生的強者思維特訓課》可以為你解答這些問題。

我將在這本書中解說**「聰明的人」**的思考迴路，**說明他們怎麼思考**。

✓改變思考迴路就能成為東大生

我被這個問題困擾許久，因此我比任何人能更有自信回答來這個問題。

老實說，我本來是個「很笨的人」。

高三的模擬考偏差值三十五（日本升學考生的分數排位）。英文滿分一百，我只拿到三分。我不是因為沒念書才考這麼爛，我每天都在書桌前坐好幾個小時。**我就是那種都有看書，成績卻沒進步的典型笨蛋**。

「我怎麼那麼笨？」

世界上也有每天有效率地念書一小時，成績照樣很好的學生。但我不是這種類型的學生。我們之間的差別到底在哪裡？

很多人會認為**「不就是資質有差嗎？」**

他們會說，聰明才智是天生的，有才能的人才會成功，缺乏才能的人注定失敗。

所以，笨蛋再怎麼念書還是笨蛋。但是，**我就是個十足的笨蛋，所以連這種事都沒想過**。「先天決定一切，努力只是白費力氣」，我根本不可能產生這麼聰明的想法。

因此，**我竭盡心力思考「像我這麼笨的人，怎麼做才能變得跟東大生一樣聰明」**？

就這樣過了三年。我重考兩次後，終於考上東大。

我是怎麼考上的？答案很簡單。因為**我完全複製了東大生的學習方法和思考方式**。

我看了東大近五十年的考題後，終於知道「東大要的是什麼樣的人才」，我也拜託考上東大的朋友和補習班的聰明同學讓我參考筆記、教我讀書，不斷學習東大生的讀書方法、讀書技巧以及寫作技巧。

那時的我深刻感受到**「東大生『思考迴路』果然不一樣」**。

這跟知識多寡無關，而是他們的思考迴路大多和一般人不同。他們不會長時間坐在書桌前，也不是頭腦天生結構不同，而是思考的差異創造了他們的「聰穎」。並且，**人人都能模仿他們的思考迴路。就連偏差值（日本升學受驗生的分數排位）只有三十五的我，也能藉由模仿他們的思考迴路而考上東大。**

東大思維 Point1

區隔「聰明」和「笨」的因素不是才能，而是「思考迴路」

✓每個人都能擁有東大生的腦袋

在這裡，我可以很肯定地跟你說一件事。那就是**「人人都可以變聰明」**。

有些人可以背下很多東西，有些人輕易就能看完大量書籍；有些人表達能力很好，有的人點子多到數不清，有的人任何問題都能妥善處理。

「聰明」也分很多種，通常大家都認為這些能力是天生的。但其實，**每個人都能擁有這些能力**。

我進入東大後，很深刻地感受到這一點。東大生聰明有目共睹。但**一百人當中有九十九人都是後天才養出聰明腦袋的「資優生」**。當然也有少數天生聰明的學生。可是，這只是少數中的少數，我想大概僅占東大生的一％。

那麼，其餘九九％的東大生，是怎麼讓自己變聰明呢？

重點就在「思考迴路」。不僅是讀書，東大連在生活中，**「思考迴路」都和我們不一樣。這是某種形式的訓練**，塑造了東大生的「好腦袋」。

既然如此，可以模仿他們嗎？天生的資質難以模仿，但思考迴路可以。就算無法像東大生一樣在無形中施展，也可以轉換成各種技巧去模仿，以獲得相同的成果，**我們也可以擁有「東大生的好腦袋」**。

我在本書中將東大生的思考迴路整理成任何人都能使用的思考法，以及不需要好腦袋也能運用的思考技巧。

✓五個思考迴路讓你具備東大生的「聰穎力」

本書將解說多數**東大生共通的「五個思考迴路」**。

第1章是**「不必死背也能記住」**的思考迴路。

第2章是**「說話簡潔扼要」**的思考迴路。

第3章是**「清楚表達」**的思考迴路。

第4章是**「想到別人想不到的點子」**的思考迴路。

第5章是**「解決困難」**的思考迴路。

我希望透過這五個思考迴路，讓大家知道「為什麼聰明的人聰明」？「怎麼做才能變聰明」？

《東大生的強者思維特訓課》這本書的書名聽來有些狂妄，或許有人會因此認為「我做不到」，但是不必擔心，「東大生」與不聰明的人之間真的只有一線之隔。其實只要改變頭腦的使用方式，人人都可以變成「東大生」。

所以，偏差值只有三十五的我都能變聰明，你們更是不費吹灰之力就能變聰明。

我希望大家能透過本書，學會「變聰明的技巧」。

東大思維 Point2

改變思考迴路，人人都能變「聰明」！

目錄

第5章 透過本質思考，「各種問題迎刃而解」……163

——東大生兼具「微觀」與「宏觀」視野

Part 2

「洞察力高的人」，腦袋是這樣運轉的──「東大思維」實踐篇……203

Part 1

從日常生活中迅速提升「洞察力」的東大思維

第0章

在日常生活裡就能養成「東大生的好頭腦」

✓東大生的頭腦好就好在「日常洞察力」高，所以是可以訓練的

‧幾乎所有東大生都是「普通人」

在我介紹「東大思維」前，我要先問大家一個問題。

為什麼只要是東大生就會被說「聰明」？聰明的人與不聰明的人，差別在哪裡？看到這個問題，應該有不少人會回答「嗯，不就本來就頭腦好嗎？」或者「因為腦袋結構不同，所以才能考上東大吧？」「不就是天生聰明嗎？」

但是，我在東大念書的這段期間，深刻感受到其實不是這樣。我訪問過很多東大生，了解他們在考上東大之前是怎麼念書和生活，我發現能成為東大生都是**「累積學習的結果」**。

即使是天才，不努力也考不上東大。

「普通人努力」，**最後考上東大**的例子相當多。

在東大中，其實幾乎沒有天生聰穎、從小就被說「一看就是會讀東大」的人。東大生

並不是我們一般所想的「天生聰明」。

東大生的「好腦袋」，其實是後天培養出來的。

・東大生具備高「日常洞察力」

那到底該怎麼做才能讓頭腦變好？聰明和不聰明的人，究竟差別在哪？怎麼做才能變聰明？

我認為**聰明的最大關鍵在於「日常的洞察力」**。

大家都有拍過照吧。有的照片解析度低，看起來模糊不清，有的則解析度很高，連細節都看得一清二楚。

聰明的人就是用高敏銳度在看待世界。**他們像是高性能的相機，讓他們可以透過周遭一切人事物去學習。**

在詳細說明這部分之前，我要問大家一個問題。**「想讓英文變流利，就去和外國人交往」**，你對這個說法有什麼想法？

為了讓讀者可以更了解各種思考法，我會在本書的頁面下方，列出「推薦書籍」以及有助於提升「日常洞察力」的「訓練問題」。我希望你以「對事情抱持質疑」的心態閱讀本書！

我想很多人都聽過這個說法。在想和情人聊天的動機下，迅速學會英文……，聽起來好像沒錯。

我身邊也有很多人因為這樣所以英文程度進步很多，而且我想是因為很多人有過同樣的經驗，所以這個方法才會廣為人知。這似乎是個可信度很高的做法。

問題是為什麼這個說法是正確的？為什麼「和外國人交往，就能增強講英文的動力」，提升英文學習的效果？

．即使看著相同景象，每個人學到的東西也都不一樣

我的朋友中，確實有與外國人交往後，英文能力突飛猛進。我問他們為什麼，竟然得到出乎預料的答案。

「假設以電車來講好了，電車會針對外國人播放英語廣播，對吧？不想學英文的時候，即使聽到英文廣播，也只會覺得『幹嘛用英文講啊！』。但是，如果女朋友是外國人，想要趕快學好英文和女朋友聊天的話，電車裡的英文廣播就會變成英文教材。

同樣地，在我們一般日常生活中也看得到很多英文。英文招牌和菜單、平常使用的片假名、企業名稱和商品名稱中的英語單字……這些全都可以當作是學英文的材料。

我就是這樣讓自己的英文變好。

日常生活中，其實會出現很多英文。日本會直接用片假名來標示英文，例如「菜單」、「廣播」、「動機」等。本書也用到很多這類把英文當作日語用的詞彙，最近也有很多企業將公司名稱改成英文。但是，你們平常看到、聽到這些英語的時候，會去留意這些字的具體意思嗎？我想大部分的人都是聽過就忘了。

英語學習動機強，就會注意到日常生活中的英文，不用坐在書桌前，也能學英文。這才是「想學好英文，就跟外國人交往」一說的真相。

「日常洞察力不同」就是這個意思。即使看著相同的景象，有的人會從中學英文，有些人卻什麼都學不到。日常生活中有這樣的大差異，才會帶來巨大的落差。

東大思維
Point3

東大思維就是「提高日常的洞察力」！

✓如何提高「日常洞察力」，成為「東大腦」

・東大生對「所有事」都有興趣

具體而言，東大生平常都在「注意」什麼？要把注意力放哪裡，腦袋才會變好？

答案是「全部」。

東大生不會侷限學習範圍，而是將所有事物融入學習中。他們把一切當教材，所以能擁有聰明的頭腦。

例如，假設大家去超商買牛奶，有仔細看過牛奶盒的人，可以發現不少有趣的資訊。

如果大家在東京買牛奶，上面標示的產地大概都是「群馬縣」、「栃木縣」或「千葉縣」等關東地方附近的縣。

「什麼？牛奶不都是北海道生產的嗎？」、「我以為北海道的的牛奶產量比較多」，很多人會這麼想吧。說到群馬縣、栃木縣，照理說不會聯想到生產牛奶吧？為什麼北關東也有生產牛奶？

答案就是「近郊農業」。越早吃越新鮮美味的蔬菜等食物，產地大多會在消費地區附近。這麼一來，就可以節省運輸成本。牛奶保存期限短，講求新鮮，如果要將北海道產的牛奶運送到東京，不僅費時也費力。因此，東京的牛奶產地大多是關東附近的地區。

仔細觀察牛奶等生活中普遍的東西，問問「為什麼」，就可以更深入理解近郊農業的概念。

另外，「紅綠燈」算是大家常見且會產生疑問的代表性物品吧。日本的紅綠燈叫做「青（藍色）信號」。

紅綠燈，不是藍色的吧。任何人看到燈號，都會覺得是綠色吧。那又為什麼會寫成「青」信號？

同類的詞彙還有「青汁」。青汁也不是藍的吧，況且，如果真的是藍色的飲料，應該沒有人敢喝吧。**為什麼日本人會用「青（藍色）」來表現「綠色」**？

其實原因可以追溯至平安時代。

平安時代最多只有四種顏色。不對，應該說有很多顏色，但**只有四個詞彙來表示顏**

色。這些詞彙分別為「赤」、「青」、「白」、「黑」。當時的人們也只用這四種顏色來表示其他顏色。

當時，並沒有綠色與青色的區別。

褐色也被當作是一種黑色而稱為「淺黑色」，「淺黑色」的說法至今仍有人使用。

黃色也歸類在紅色，所以日本的顏色只有四種。

受到歷史的影響，雖然現在日文中有「赤い」、「青い」的用法，但卻沒有「綠い」對吧？日本人會說「白い」、「黑い」，但不會說「黃い」。可以做形容詞使用的只有「赤」、「青」、「白」、「黑」這幾個顏色。

日本人確實也會說「茶色い」、「黃色い」，但必須加上「色」才可以。而不會直接說「茶い」、「黃い」。

其他顏色則是在鎌倉時代之後才陸續出現。但是，這四色仍被視為日本自古以來的傳統色，其他顏色的地位都低於這四種。因此，日本人將紅綠燈說成青色，綠色的蔬果汁也變成「青汁」。平安時代的用法流傳至今，就屬「青」這個顏色了。

「日常洞察力」小訓練 No.01

Q 我說過牛奶大部分是在市場的周邊地區生產而不是北海道，但起司和奶油的產地，卻大多是北海道，這是為什麼？

「牛奶」和「紅綠燈」都是生活周遭的事物。我們常常看到，也到處都看得到。然而，**有些人可以從中學習知識，有些人則不行，會從中學習的人，即可不斷吸收新知識。「日常生活洞察力高」，就是這麼回事。**

・讀書、做學問等，任何事都是從「提升日常的洞察力」開始做起

這個機制一點都不特別。其實這是**有史以來就存在、由學問延伸出來的機制。**

例如，科學是一門「解釋周遭現象」的學問。

「蘋果為什麼會從樹上掉下來？我們可以用重力的概念說明！」

「為什麼會下雨？這是水分蒸發的緣故！」

為了闡明環境中的現象，牛頓、亞里斯多德及大學教授不斷研究。這就是「建立提升日常洞察力的方法論」。

說讀書和學問都是「提升日常洞察力」的行為，一點也不誇大。

・只要改變思維，人人都可以提高「日常生活的洞察力」

「日常洞察力」小訓練 No.01

A 牛奶、起司、奶油雖然都是由牛奶（生乳）製成，但牛奶與起司和奶油有很大的不同。牛奶是重視新鮮度的商品，但加工成起司和奶油後，就可以長期保存。因此北海道生產的生乳，加工製成起司和奶油後，就可以放到各個市場上販售。

「嗯，我明白你的意思，但我做不到吧。」

一定有人會這麼想吧，但是，**只要改變思維，所有人都能輕鬆提高「日常生活的洞察力」**。

連以前偏差值只有三十五的我都能辦到，所以你絕對不會有問題。只要稍微改變意識和思考方式，大家的相機都能順利對焦。

我要從這裡開始，介紹五個**「人人都能輕鬆提高日常洞察力的方法」**。

東大思維
Point4

東大生把「所有日常中的事物」都當作教材。

第1章

透過原因思考，就能「一口氣記住大量資訊」

——東大生將「要記的訊息限縮到最少量」

1 東大生學習前，會先「改變知識」

在我正式介紹「東大思維」等於「東大生用什麼方式思考」前，我想問大家一個問題。你對**「聰明的人」**有什麼印象？

✓東大生的「背誦能力」完勝一般人

・「聰明」不等於「記憶力強」

這個問題應該有很多答案，不過我想最多的答案應該是「記憶力強」。「知識淵博、博學多聞有教養、什麼都知道的人」。這大概是大家對「東大生」最深刻的印象。

實際上，**能考上東大的人，確實可以記住很多東西**。想要成為東大生，必須背下四千個英文單字、五百個古典單字、五百個數學公式以及一千個以上的社會和理科知識。

老實說，背這些東西真的很辛苦。我還在考試的時候，也很驚訝「什麼!?怎麼可能背得了這麼多東西!?」

然後，我也曾經這麼想過。「啊——，想考上東大，果然要有超強的記憶力。他們一定都擁有超強記憶力，過目不忘。」、「東大生應該看過一次就全部記住了吧？東大生都是天才吧！」

我想很多人對東大生的印象和我一樣。

然而，事實完全不是這樣。東大生並沒有可以瞬間記憶的能力。說點好笑的，和他們相處時，也常常聽到他們說，「奇怪？下一堂課是什麼？」、「啊！我忘記帶下一堂課的課本了！」根本忘東忘西。

不覺得很好笑嗎？我非常好奇「為什麼這些可以記住四千個英文單字的人，也會忘東忘西」？

・人人都有「好記的東西」和「不好記的東西」

其實，**「記憶力」有一個「神奇的地方」**。

例如，將棋棋士可以記住幾千幾萬種盤面。

「啊！這個棋局之前有看過！」棋士可以記住任何盤面、棋局。

從這一點看來，將棋的棋士都是「記憶力強的人」。

但是，如果在沒有前因後果的狀況下，讓記憶力這麼強的棋士看亂無章法的盤面，跟他們說「請記住這個盤面」，他們是不可能辦到的。棋士會說「我記得住對戰中出現過的盤面，但記不住這個喔！」

同樣道理，雖然要東大生「背英文單字」沒問題，但如果要他們「背一串不知道意思的字母」也是完全不可能的。

即便是相同的東西，有些我們記得起來，有些卻不行。

也就是說，我們認知中「記憶力強」的人，他們在記憶的時候，並不是像拍照一樣，按下快門就輸入腦袋。**他們也有「記得住的東西」和「記不住的東西」**。

說一個簡單的故事好了，我小時候連九九乘法表都背不起來，連父母都很擔心。

「2×3？不知道！」

然而，我當時沉迷於「寶可夢」（Pokémon），可以記住三百種寶可夢的名稱。九九乘法表只有八十一個，而就算寶可夢有三百種，而且每一種都有不同的類型和技能等，但我可以記住所有的細節。我的父母大罵：「為什麼不把這種記憶力放在讀書上！」

不過，這種事其實常有吧。**每個人都有好記的領域、記不住的領域，就算是記憶力強的人也會忘東忘西。**

為什麼會出現這種現象？

東大思維
Point5

「聰明的人」不一定擁有超強「記憶力」。

✓聰明的人由於「日常洞察力」高，所以記得住訊息

·東大生最討厭「死背」

我覺得記憶力的神奇之處，可以用**「日常洞察力的差異」**來說明。其實記憶力好的人，**只是「著眼處」與一般人不同罷了**。

我們一般所想「像拍照一樣，按下快門就把資訊全部印在腦海中的『記憶力』」，其實要不是根本不存在，就是即使真的有，也是少數人（就算是東大生，也是一萬人中只有一個的超低比例）具備的稀有能力。若非如此，就無法說明記憶力的這個奇妙之處。

那麼，為什麼會有「記憶力好的人」和「記憶力差的人」？答案就是**對於記憶目標的「觀點」不同**。

例如，你知道「unite」這個英語單字的意思嗎？這個字的意思是「結合」。

那麼，你會怎麼背這個單字？

多看幾次？抄十遍？用諧音？

這些都是背東西的正確方法。而「記憶力好的人」是可以花最少的努力記住的人，必須看很多次、抄很多遍，才記得住的人則是「記憶力差的人」。

然而，在背這個英文單字的時候，東大生絕對不會死記。**東大生背的時候會先改變「觀點」**。

你在日常生活中有看過「unite」這個字嗎？「USA」＝「United States of America」的「united」就是這裡的「unite」變化來的。了解這一點後，USA到底是什麼意思？

答案就是美國是「合眾國」，由好幾個州（states）組成。「United States」即各州「結合」的意思。

另外，你知道還有其他類似unite、也是使用「uni」作為字首的英文單字嗎？

「uniform」、「unit」等都是日常中可見的類似單字。

所以，看到這些單字的時候，**我就會想「有哪些字加了『uni』？」**

查了之後，發現「uni」是「一個」的意思。「統一一種服裝＝uniform」、「絕無僅有的個性＝unique」、「將兩者合而為一＝unite」等，這些單字都有「單一」的意思。

「unite＝結合」，簡而言之就是「統一」的意思。「統一」裡面也有「一」對吧，「unite」是「把零散的東西整合成一個」，因此具有「統一」的意思。

・東大生懂得「找關聯」，所以記得住、忘不了

怎麼樣？想必你已經記住「unite」＝「統一」了吧？

記憶力強的人，會像這樣**將應記住的事項與周遭事物連結，或者了解該事項出現的緣由**，所以不必「硬背」也能記住。

像這樣與其他事物連結，**也能順便記住其他東西**。背「unite」的過程中，也跟著一起背下「united stated」、「unique」、「uniform」了吧。

很多人直接「死記」，透過抄、看、聽來背東西。而我們經常以為「死背」能力強的人就是「記憶力好」的人。

但其實不是這樣。用吃飯來比喻的話，死背就像不咀嚼，囫圇吞棗。吃飯不先咀嚼、讓食物好吞嚥的話，就會引起消化不良。

聰明的人「咀嚼」能力很強。即使只是「unite」這樣一個簡單的英文單字，他們也會深入思考，讓這個字「更好下嚥」，所以不會有消化不良的問題。

只要改變觀點，就會好背多了。

讓我再舉一個更貼近生活的例子。大家都認識「肯德基爺爺」（Colonel Sanders）吧。如大家所知，就是肯德基的創始人、留著鬍子的那位爺爺。

那麼，你們知道他的本名嗎？你或許會以為「嗯？不就是肯德基爺爺嗎？」但不對喔。其實他不叫「肯德基爺爺」，他的本名是「哈蘭德．大衛．桑德斯」（Harland David Sanders）。

「哦，那肯德基爺爺英文裡的 colonel 是什麼意思!?」「colonel」指的是「（軍隊）上校」。所以說，「Colonel Sanders」是「桑德斯上校」的尊稱。

好了，聽到這個故事，大家應該都記住「colonel＝（軍隊）上校」了吧？即使平常在書裡看過，也很難記住「colonel」這個英文單字，但是，了解緣由，就能立刻背起來。

記憶力強的人其實就是擅於「轉換」的人。

東大思維 Point6

「記憶力好的人」在記憶前，會先「串聯」、「轉換」知識。

《英文單字語源圖鑑》：看圖秒懂，最高效的單字記憶法　清水建二著　如何出版社

透過了解語源，也就是「英語單字最根本的意思」，讓讀者能記住更多的單字。這是一本「了解原因，就能簡單記住」的代表性著作。

✓聰明的人都很會「收納」

・記憶力好的人，是「將記住的東西減到最少的人」

讓我用其他的比喻來說明。

假設腦中有一個收納記憶的「櫃子」。一般人會認為「記憶力好的人」，「櫃子」一定容量很大，什麼都裝得下，所以才能記住很多東西。的確有這種人，但大概一千萬人中只有一個。

但是，**我們所認定的「記憶力好的人」，他們的「櫃子」幾乎都是正常尺寸**。他們的記憶容量也差不多。

然而，**由於他們擅於收納，所以可以將諸多資訊擺進櫃子**。他們懂得折疊，所以即使是相同容量，裝的東西也比別人多。

總之，**「記憶力好」並不是因為櫃子大，只是「收納方式高明」**。

從這角度看來，我們也可說**記憶力好的人，是「把要記住的東西減到最少的人」**。

例如，我在背英文單字「unite」的過程中，也順利記住「unique」、「uniform」等由「uni」＝「一個」延伸出來的單字。

通常我們會像這樣「unite 是統一、unique 是獨特、uniform 是……」，每個字都分開背，但我把三個單字整理出邏輯、一次記住。

記憶力好的人，是像這樣**改變觀點，把死背的量降到極低的人**。用「櫥櫃」來講的話，就是在架子上貼標籤，註明「這個抽屜放T恤」、「這個抽屜放貼身衣物」，利用歸納讓收納一乾二淨。

·收納記憶的方法高明，提取的方式也很高超

收納整齊，「拿取」就非常容易。

你不會再說「奇怪!?那件內衣跑去哪裡呢？」而是「一定在這個櫃子裡」，立刻提取記憶。

因此，就算你忘了「unite」的意思，也能簡單想起「uni是『單一』的意思。所以，跟這個意思差不多的話……有了！是統一！」

前面提過的將棋棋士也一樣。將棋棋士並不是死背一百種盤面，而是記住一種盤面形成的過程，再記下由此延伸出來的一百種盤面。

他們並不是把毫無意義的東西背下，而是「啊，這是『想攻破穴熊』的盤面」、「這是『對抗棒銀進攻』的盤面」，棋士因為記住了過程，所以能牢牢記下盤面。

因此，反過來講，毫無意義的盤面他們是記不住的。

最重要的不外乎是「看待事物的角度」。

沒意義的字母排列和有意義的英文單字、沒意義的盤面和有意義的盤面，在有些人眼裡都會是一樣的。

然而，**聰明的人透過改變「觀點」，將所見之物轉換成「好記的形式」，把「要記的資訊」減到最少**。所以，他們可以記的東西比一般人多。

我將以上內容整理如下。

- 記憶力強的人利用改變觀點，記住大量資訊。
- 咀嚼須記住的資訊，就會更好記。
- 把要記住的資訊相互串聯，只記真正應該記的部分，將資訊減到最少。

東大思維
Point7

就記憶來講，「收納方式」比「容量」重要。

接下來，我要介紹**讓這個方法成真的思考法「原因思考」**。

2 探究原因，不必死背就能「自然記住」：原因思考①

✓任何事都出有「因」

那麼，從這一頁開始我要來介紹原因思考。

我說過，提升記憶力的兩個方法包括改變看待事物的角度，**「咀嚼要記憶的資訊，將資訊轉變為較好記的訊息」**，以及**「串聯要記憶的資訊，減少應該記住的資訊」**。

接下來我要來說明具體做法。

・所有的事物都是「結果」

原因思考簡單來講就是**「理解意義，輕鬆記憶」**的思考法。

第一次看到「unite」這個單字的人，不知道為什麼「unite」的意思是「統一」，因此很多人都是「不知道為什麼，反正『unite』就是『統一』」的方式來死背，進而受挫的說：「記不起來啦！」、「吼，又忘了！」

但是，這一點都不奇怪。因為他們只是在不了解意思的狀態下，想記住一串隨意排列的字母而已。

一切事物都有原因。「unite」之所以會有「統一」的意思，絕對有緣故。

原因與結果，所有的事物都呈現因果關係。有火所以有煙、因為蛀牙所以牙痛、因為傷心所以流淚。「unite」之所以具有「統一」的意思，也一定有原因。

我因此去查了一下，發現「uni」的意思是「1」。由於含有「1」的要素，因此才有「統一」的意思。

而且，只要記住「uni」是「1」的意思，就算忘了「unite」的意思，也可以想到「1，所以……有了，是統一的意思」，這樣就不會忘了。

我們眼前只看得到「結果」。重力帶來的「結果」，是蘋果從樹上掉下來；地球自轉的「結果」，形成了白天與黑夜；開心的事帶來的「結果」，是人們的笑容。

但是，**多數人不會把日常生活中的事當成「結果」**。因為習慣了，所以就覺得「蘋果本來就會從樹上掉下來」。

所有東大生都會對這些「結果」產生質疑。

我曾經調查過東大生喜歡使用的字和字彙使用頻率。

其中東大生最常掛在嘴邊的就是「**為什麼？**」這句話。

東大生會**把事情和知識當作「結果」，並且去調查「原因」**。

「為什麼『unite』會是『統一』？」

「為什麼蘋果會從樹上掉下來？」

正因為他們對一切抱持著疑問，所以會去尋找原因；正因為他們知道原因，所以可以記住很多資訊，不容易忘記。

其實，東大的入學考題，也大多是這樣。

「日常洞察力」小訓練 No.02

Q 英文order這個字有「順序」、「秩序」、「命令」、「點餐」等不同的意思。為什麼會有這麼多種意思？

「為什麼圓周率是3．14？」
「為什麼日本會開國？」

東大的入學考題，往往問的不是知識本身，而是「為什麼？」

由於東大生不會把一切視為「理所當然」，而會打破砂鍋問到底，了解「為什麼會這樣」，因此他們可以獲得大量的知識。正因為東大的思維是如此，才有這種出題的傳統。

．不必死背也能牢牢記住

了解理由，**不死背也能記住**。

我在前面說過「想考上東大，必須記住大量資訊」，但並不是一一死背，而是**了解理由，避免死記**。

例如，你記得培里司令哪一年率領軍艦叩關日本嗎？答案是一八五三年。一般人通常會用諧音或多唸幾次來記住培里登日的年代。

然而，東大生不一樣。

「日常洞察力」小訓練 No.02

A 其實order是「秩序」的意思。秩序表示「事物處於該有的狀態」。例如，英國議會開會時，如果相互交鋒、討論激烈、場面火爆的話，議長就會高喊「Order！Order！」。這時議員們就會回到座位、保持肅靜，恢復原有的狀態。這就是order根本的意義，再從中延伸出各種意思。

「不是一八五二年，也不是一八五四年，為什麼是一八五三年？一定有理由才對。」

因此，他們會去找「為什麼是一八五三年的理由」。

所以，他們會知道**「培里一八五三年來日本不是偶然，而是有原因的」**。

查一查一八五三年，就會知道其實在培里來到日本幾個月後，歐洲爆發了規模相當大的克里米亞戰爭（Crimean War）。

當時一定有很多國家希望日本開國，但我們可以推測美國大概是這麼想的，「趁現在（一八五三年）歐洲緊張局勢升溫，少了其他國家的妨礙，或許可以攻陷日本！」

而且，美國在一八四八年以前，領土還沒擴張到與日本較接近的西岸。在那之前，美國人的活動範圍只到東岸，一八四八年才擴大到西岸。

美國人成功奪得西岸土地是始於一八四九年。因此，現在西岸舊金山的美國足球隊才會叫做「四九人隊」（San Francisco 49ers）。舊金山人非常自豪「這片土地的歷史始於一八四九年」，所以才會有「四九人隊」這樣的隊名。

因此，我們可以推測美國花了四～五年時間建造黑船，準備威脅日本開國，趁歐洲爆發克里米亞戰爭之際，叩關日本。我們由此了解，**一八五三年培里登日，背後有各種因**

《「失敗の本質」と 略思想》　　西田陽一、杉之尾宜生著　筑摩書房

許多書為了闡明失敗，都會主張了解「原因與結果」非常重要。這本書也透過歷史偉人的謀略，告訴我們這個道理。

素。只要了解這些原因，就能簡單記住「培里叩關日本？啊，就在歐洲克里米亞戰爭爆發前而已吧？」、「確定是在一八四九年之後。」

如何？死背的話，馬上就忘得一乾二淨。利用不斷唸「一八五三年培里登日！」、搭配諧音或多抄幾遍來背，非常簡單。然而，這種行為就像**隨便把衣服往櫃子裡塞**。需要的時候，無法從記憶中順利提取，而且立刻就不見了（忘記）。為了避免這種情況，**我們一定要謹記「欲速則不達」的道理，探究所有事物的「原因」**。

這個行為就是**「尋找原因」**。

東大思維 Point8

了解「結果」背後的「原因」，避免死記硬背。

讓我們來看看具體方式。

「日常洞察力」小訓練 No.03

Q 「白日」是近年走紅的日本混合搖滾樂團「King Gnu」的知名歌曲。「白日」是什麼意思？除了「日光閃耀的日子」之外，還有不為人知的意義。

✓「找出原因」的五個步驟

我們可以透過下列五個步驟來「找出原因」。

・STEP0 找出結果：找一找你想記住的東西、事件

首先，看看有沒有你想記住、想深入思考的東西。習慣之後，無論是不經意聽到的新聞或日常生活中的事情都可以。任何事都可以，放心找吧。

・STEP1 尋找具體事物：查詢特殊數字和詞彙的意思

就算要你「查詢原因」，一開始一定會覺得無所適從。我們看到「一八五三年，美國培里登陸」，很難直接問「為什麼？」吧。我們應該想不出問題。

這種時候，請想像具體的東西。請從「一八五三年」或「美國」去延伸問題。

・STEP2 提問：思考「為什麼？」會採用這個數字、字詞

找到具體的事物後，想一想箇中原因。

「日常洞察力」小訓練 No.03

A 「白日」是一個用來形容清白的字。日文會說「青天白日之身」、「攤在陽光下」，將無罪的狀態稱作白日。對照歌詞來看，我們可以知道這首歌帶有「在我傷害過誰之後，我還能保有清白之身嗎？」的意思。

「一八五三年世界上發生了什麼事件？」、「這個時期還有其他事件嗎？」、「對美國來講，一八五三年是什麼樣的年代？」、「話說回來，為什麼會是美國？英國為什麼不來？」等。

・STEP3 了解背景：調查該數字、字詞的背景

擴展視野，讓思考變抽象。

例如，一八五三年是「十九世紀」。思考「十九世紀是什麼樣的時代？」、「和其他世紀有什麼差異？」等。

以美國為例，問題可以是「美國原本是怎樣的國家？」、「美國在這個時期做了什麼？」

（可以視情況在現階段略過「STEP3」。第2章也會談到「背景」思考方式，請參考相關內容）。

・STEP4 尋求原因：針對「為什麼？」找出答案

基於STEP2、3找出「為什麼？」的答案，試著提供STEP1的理由。

例如，搜尋「一八五三年」或者調查「美國」的建國歷史。

這麼做，你會找到令自己信服的理由，例如「啊，原來一八五三年的英國是這樣」、「美國在這個時期才剛西進不久！」

這個時候，有些人會很在意「不知道這個原因是不是正確的」，但太執著於正確與否也不太對。

正確當然是最好的，但更重要的是「主動思考、理解」，讓知識保存在自己的腦海中，知道錯了時候再修正。

就像這樣，帶點「隨意的心態」在這整本書中是非常重要的。請一定要記住這一點。

那麼，讓我們來看看「尋找原因」該怎麼做吧！

「尋找原因」請這樣做

1「unite」＝統一

STEP1 「unite」、「統一」、「uni」

STEP2 「uni」是什麼意思？

STEP4 「uni」是「單一」的意思。從這個意思延伸出「統一」的意思。

2「term」這個英語單字有「期間」、「關係」的意思

STEP1 「term」、「期間」、「關係」

STEP2 「期間」、「關係」看起來是完全不一樣的意思，為什麼會用同一個英文單字表示這兩個意思？

STEP3 那「term」原本是什麼意思？

STEP4 「term」原本是指「範圍的限定」。從這個意思延伸，限定「時間」就變成「期間」、限定「人與人之間的事情」，就是變成「關係」的意思。

3 日文用發音同豆子的「mame」來形容認真的人

「日常洞察力」小訓練 No.04

Q 「party」這個字可以指一群人聚集熱鬧地開宴會，也可以指遊戲等場合中的一個團體，例如「組成團隊」。那麼，「party」原來的意思是什麼？

STEP1「認真」、「mame」

STEP2「mame」是什麼？

STEP4 就我所知，「mame」是「豆子」，因為「連小事情（豆子）都認真做」，所以才有認真的意思。

4 日本最近開始推廣太陽能發電

STEP1 分析「太陽能發電」，還有「最近」這個用詞，找出具體而言，是從什麼時候開始推廣？

STEP2「太陽能發電是怎樣的發電方式」？「用戶從二〇一一年開始陸續增加，二〇一一年發生過哪些事」？

STEP3「說到發電，還有什麼其他的發電方式」？

STEP4「二〇一一年發生三一一東日本大地震，由於核電廠發生核事故，導致核能發電供電困難。還有火力發電、水力發電等各種發電方式，但太陽能發電是可永續發展的綠能，因此二〇一一年以後逐漸受到大眾重視。」

「日常洞察力」小訓練 No.04

A 「party」是從「part」這個英文單字變化而來。part是指「整體中的一部分」，我們會說「這個part（部分）由他負責」。由此意思延伸，「許多人當中的一些人聚集起來」就變成聚會、「由許多人當中的部分人士組成團隊」就變成團體的意思。

「尋找原因」的五個步驟，你學會了嗎？那麼，讓我們來實際挑戰一下！

挑戰「尋找原因」！

【問題】

Q1 為什麼「culture＝文化」？

Q2 「fine」有「棒」和「罰金」的意思。這是為什麼？

【請作答】

A1

A2

【答案】

A1 「culture」有耕種的意思。從「培養」精神，使人心靈富足延伸，所以有文化的意思。

A2 「fine」指「界線」。界定界線，「沒有比這個更好的東西」，所以演變成「棒」的意思；設定界線，「不能再往上觸碰」，因此有了「罰金」的意思。

東大思維 Point9

從具體的事物思考「原因」，再逐步抽象化。

3 找出關聯，記住以後就「一輩子都不會忘」：原因思考②

✓「找出關聯」，整理記憶庫

學會「尋求原因」之後，接下來就是**「找出關聯」**。簡單來講，「找出關聯」就是**「整理資訊」**。

我說過「一切事物都有原因」，而同樣的原因，可能會帶來不同的結果。

因為「uni＝1」，所以延伸出 unit、uniform 等單字。一八四八年美國成功西進，所以有了四十九人隊這個隊伍，而在那四～五年後，則是培里叩關日本的時間。

就像這樣，**把「原因相同的事物」整理在一起**，就是「串聯」。

．將關係串聯起來，就能記住大量的資訊

透過串聯，資訊會變得比較好記。

例如，聽到「unite」的時候，你會想到「uniform、universal 等其他類似的單字」。可以舉一反三的人，都能輕鬆記住「unite」這個英文單字。

因為**他們腦中已經有一個「uni」的架子**。

我說過，「記憶力強的人，會從放內衣的抽屜拿出內衣、從T恤的抽屜拿出T恤，他們會先整理再存入資訊。」這種時候，把資訊串聯在一起的人，腦中已經建立起「uni」

「日常洞察力」小訓練 No.05

Q 請列出你能想到的、以「uni＝1」為字首的英文單字。

的架子。他們可以在架上放入很多字首為「uni」的單字，「unite」也是與其中資訊同性質的訊息，所以可以歸類在一起。如此一來，就變得好記、不會忘記。

這就是串聯關係。**前面的「原因」是在架上貼上標籤，而把原因所產生的結果上架，則是「串聯關係」**。

不過，在這之前，一定要先確實做好「尋找原因」的部分。

例如，把「uni＝1」的標籤牢牢貼在你腦海中的架子上，所以才能放入「unite」。反過來講，在不知道「uni 是什麼意思」的狀態下，不可能用「uni」來串聯所有的單字。你或許會覺得「好像在哪裡有看過 uni 這個字」，但如果不曉得「uni」的意思，思考永遠都只會停留在「這些字看起來都很像」的狀態。用這樣的方法，不管過了多久，還是只能死背、把東西硬塞進衣櫃中。

東大生不是因為記憶力好所以可以記住大量資訊，**而是「建立收納架的能力」很強**。他們平常就會對各種用語和新聞產生「為什麼？」的疑問，因此已經建起很多收納架。

「日常洞察力」小訓練 No.05

A 「unity」統一（合而為一）、「unify」整合（使成一體）、「uniform」一致（制服。大家都一樣的意思）、「uniformity」一致性（大家都相同，非常好的意思）、「universe」宇宙（天地萬物合一）、「universal」普遍（所有人都去一樣的地方，萬人相通的事物。例如「Universal Studios 」是環球影城。）、「union」聯盟（集結成一個）、「reunion」聚會、同學會（將兩個分散的東西結合成一個）、「unisex」男女適用（sex是指性別，uni 是一的意思，所以是「性別相同」的意思）。

架。「unite？哦，要放在uni的架上」、「培里叩關？哦，美國在這個時代發生了這些事等」，他們已經事先建立起收納架，並且隨著學習不斷建立越來越多收納架，所以可以記住大量資訊。東大生不是記憶力強，而是**可以「串聯」同一個「原因」所延伸出來的多個「結果」，因此能記住龐大的資訊。**

・理解「本質」，就根本不用背

那麼，你們擅長「數學」這一科？還是不擅長？我數學非常爛。真的，就像是對數學過敏一樣，討厭極了，我以前數學考零分根本是家常便飯。而如果想考上東大，就算是文組數學也要考很高分才行，再怎樣都逃不掉數學這一關。

被迫必須念數學的我，發現數學這一科也有很多要背的東西。數學裡存在著很多「加法定理」、「畢氏定理」及「西瓦定理」等有看沒有懂的公式。

我每天為了考試拚命背……，成績卻完全沒進步，於是受挫的我，去請教了數學很好、第一志願是東大的朋友，「我問你喔，數學要背的東西很多，你是怎麼讀的？」

聽到我這麼問的朋友，一副驚訝地說：「什麼？數學要背的東西不多吧？」

「不是吧，公式多到爆炸欸！」我這麼一說，他又說：「不用全部背啊。**只要了解『公式是怎麼來的』，真正要記的其實很少喔。**」

那個時候，我才發現**自己一直以來都是只背「結果」**。以「結果」形式存在的公式有一百個，根本不可能全部背下來。

不過，數學很強的他幾乎不必死背。他記住一百個公式的方法是，找出「原因」，將這個「原因」連結各種結果。

只要了解三角函數是什麼，就可以輕鬆記下 sin、cos 或加法定理等。然而，只把 sin、cos 及加法定理當作「結果」看待的我，完全不知道三角比是什麼東西。也就是說，他利用**「本質上的理解」**，減少數學中該背的東西。

由於「本質」是第5章的主題，所以我先不在這裡詳述。在這一章節，我希望大家了解，雖然我們以為「要背很多東西」，但實際上只要**找出「原因」，根本就不必背。因為這麼做會減少必須記住的資訊**。就算是四千個英語單字、三千個將棋盤面，實際上記住的資訊不一定很多。

用最少的努力，獲得最大的成果。你必須靠接下來要介紹的**「關係串聯」**，才能達到

《從地理看經濟的44堂公開課》：用地圖讀懂44個觀點，破譯經濟新聞背後的真相
宮路秀著　漫遊者文化

地理這門學問是「地上的道理」。為「地」球上的諸多現象，賦予地形、氣候、人口及產業等「理」由。這就是「原因思考」。本書以地理作為「切入點」，帶讀者思考各種國際情勢和新聞。

這個目的。

> **東大思維 Point10**
>
> **將各種事物「串聯起來」，就能減少要記住的資訊量。**

✓「串聯」的五個步驟

・STEP0 標籤尋找：利用前面的「原因探索」找出「原因」

找出「uni」有「1」的意思、「mame」是豆子、「一八四八年」是「美國成功西進那一年」等事實。

・STEP1 貼上標籤：準備筆記本、在最上方寫上「原因」

準備筆記本和便條紙，寫上：「uni＝1」

「mame＝豆子」

「一八四八年＝美國成功西進那一年」

「日常洞察力」小訓練 No.06

Q Artnature是一家日本的植髮公司。他們提供假髮製作和人工髮移植服務，但「art」是指藝術、「nature」是指「自然」，「藝術的自然」，怎樣都不會想到植髮吧。為什麼這家公司會取名為「Artnature」？

・STEP2　找出關聯1：找出由同一個「原因」延伸出來的「結果」

就像「uni＝1」這個原因形成「unite＝統一」的結果，應該還有其他從「uni＝1」延伸出來的單字。找一找有哪些。

・STEP3　串聯：串聯「原因」與「結果」

就算在STEP2中找到「uniform」這個單字，也不知道怎麼將它與「uni＝1」兜在一起。仔細查詢怎麼將原因和結果結合，思考之後寫在筆記本上。

「uni＝單1種；form＝姿態、樣式」→「大家穿著同一種樣式的衣服，多數人以一種姿態出現」。

・STEP4　找出關聯2：保留筆記，經常尋找其他的「結果」

即使你當下想不出來，但其實有很多單字都是從「uni＝1」延伸出來。如果在街上散步時，突然想到，「對了！universal也有『uni』！」的話，就新增到筆記本裡。

「日常洞察力」小訓練 No.06

A　其實art除了「藝術」之外，也有「人為科學」、「人為」的意思。不只畫家，作家和攝影師也都是「藝術家」（artist）。花式溜冰選手也被稱為「冰上藝術家」。art其實是「自然＝nature」的反義詞。因此，「Artnature」是兩個反義詞組合在一起，「用人工做出自然的東西」才是正確的詮釋。透過優良的技術讓人工頭髮看起來自然美觀……這家公司的名子帶有這層意義，取得非常好。

「串聯」這樣做

1 uni＝1

・unite＝統一「多個東西合而為一」。

・uniform＝「大家穿著同一種樣式的衣服，多數人以一種姿態出現」。

・universal＝普遍「多數人的想法一致」。

2 fine＝棒、罰金

界定界線，「沒有比這個更好的東西」，所以演變成「棒」的意思；設定界線，「不能再往上觸碰」，因此有了「罰金」的意思。

・define＝定義（de＝清楚。設定清楚的界線）。

・infinite＝無限的、infinity＝無窮（in＝無。沒有界線→無限）。

・confine＝侷限（con＝完全。完全被界線限制＝侷限）。

・final＝最後（al＝如……一般。「像界線一般」，也就是結束的意思）。

3 mame＝豆子，延伸為「認真」之意

・まめお人（mame人）＝認真的人（連像豆子一樣小的事情都認真做的人）。
・まめまあしく（mamemameshiku）＝勤快（非常認真的意思）。
・まめまあし（mamemameshi）＝實用（認真、不苟言笑的狀態）。

4 十七世紀由於氣候異常引發經濟危機，所以各地戰亂不斷

・英國：清教徒革命
・俄羅斯：斯捷潘・拉辛（Stenka Razin）
・法國：投石黨運動
・西班牙：收割者戰爭（Guerra dels Segadors）

挑戰「關係串聯」！

【問題】

Q1 為什麼日本的主食是米？

Q2 印度咖哩專賣店為什麼會賣囊餅？

Q3 超市（supermarket）的 super 是什麼意思？「超讚的市場」嗎？

【請作答】

A1

A2

A3

【答案】

A1 稻米只能在降水量多的地區栽種。由於是高熱量且便於保存的農作物，所以日本也栽種了很多稻米。

↓除了日本以外，降水量多的亞洲各國，也都是以米為主食。

A2 囊餅的原料是麵粉。印度有些地區降雨較少，因此很多地區是以麵粉而非米飯為主食。

↓印度栽種很多小麥、棉花等乾燥地區才能栽種的作物。

A3 超級市場的超級，英文單字是「super→superior」，有比較級的意思，表示「比～更好」。「超級市場」的意思就是「比傳統市場更棒的市場」。

↓「superior」這個英文的意思是「比～好」，從「比其他東西好」的意思也延伸出「優秀」的意思。

東大思維 Point 11

在日常生活中，時時將各種知識「串聯」起來。

第 2 章

利用上游思考，就能「把困難的問題變得簡明扼要」

——東大生會思考「事情的來龍去脈」

1 東大生一定會先掌握「事情的來龍去脈」

✓聰明的人很會「整理資訊」

．整理多筆資訊，彙整為一的能力

我在第1章說「聰明的人」是「記憶力好的人」，並且介紹了加強記憶力的技巧。但是，「東大生」並不僅指記憶力好的人。

例如，可以「兩三句話」就把複雜的事情和新聞說明清楚的人，也很聰明吧？這種**「用幾句話就摘要出資訊的能力」也是頭腦好的人的特質之一**。

我前面說過，「東大生最常說的一句話是『為什麼？』，而他們最喜歡的第二句話則是**「總之」**。

我與東大生實際聊過天後，發現他們開頭很喜歡說「總之」，而且把話講得有條有理。並且，有些東大生看完一本書之後，也會簡單跟我介紹「這本書的內容的大意」。

我在第2章要說明的就是**「精簡資訊的『摘要能力』」**。

摘要是指把長篇大論的說明或文章「去蕪存菁」，用簡單的話進行說明。這個能力叫作「摘要力」，但其實它和記憶力一樣，都能透過提高「日常生活的洞察力」來訓練。

・摘要能力是測量頭腦好壞的指標

古今中外，「摘要能力」都被視為測量頭腦好壞的重要指標。

各位在國文考試中，應該看過「閱讀下文，選出敘述正確的選項」或「請摘要以下文章」等題目吧？這種題型非常熱門，無論是小學考試或東大入學考都會出現。

而且，東大除了國文之外，其他科目也會出現很多測試考生精簡能力的題目，例如「請摘要這一篇日本史資料」、「請簡述十七世紀的世界」、「請摘要這個時代的英國外交情況」等。

「摘要能力」＝「聰明的量測指標」，這種定義已經廣泛地滲透至每個層面。

那麼，為什麼摘要能力可以成為量測聰明與否的指標？

這是因為**摘要是「取捨資訊」的行為**。

假設你讀了一本很厚的書，你可以把好幾百頁的內容全部記住嗎？應該不可能吧。就算東大生也不行。「記憶力好並不是衣櫃比較大」，而這種事無論誰都做不來。

但是，事實上東大生可以記住好幾百頁的課本內容、讀幾千頁的論文並從事研究，為什麼他們做得到？

答案就在於摘要能力。他們知道**「這部分很重要」，所以只記住重點**，因此才能記住幾百頁的課本內容。總之，他們潛意識裡就很會畫重點。

・東大生讀書看關鍵字，所以也具備速讀能力

我在第1章提過他們學數學不是死背一百個公式，而是記住一個本質之後，了解一百個公式。因為東大生有這樣的思維模式，所以數學很強。

同樣道理，**找出該記住的「一點」，這個能力就是「摘要能力」**。

這與快速閱讀能力也有關。很多東大生都會速讀，不管是英文文章或國文文章，他們都能快速讀過。

我去了解他們這項能力後，發現他們很多人都是讀「關鍵字」。「這篇文章的關鍵字是這個」、「那看這個關鍵字的上下段落就可以了，這樣即可知道作者想表達的內容。」

就像這樣，東大生會去找出文章的重要關鍵字，重點式閱讀相關部分，略過其他部分，所以能迅速讀完整本書。

本書已經有先幫大家畫重點，請試著只讀這些重點。你會發現你馬上就能複習、掌握內容。**聰明的人「懂得」自己畫重點**。

東大思維
Point 12

摘要能力是指鎖定「一個」真正重點的能力。

✓東大生喜歡思考事物的「開端」

・東大生可以觀察到其他人沒注意到的細節

「糟糕，那『不懂』畫重點的我，永遠都學不會做摘要嗎？」

或許有人會這麼想，但絕對沒有這種事。其實這個「能力」也可以**透過提升「日常生活的洞察力」來養成**。

怎樣才能培養鎖定關鍵字的「能力」？答案非常簡單。改變視點即可，只需要一個觀點，就能輕鬆學會摘要。這不是一種比喻。東大生**都是觀察別人沒注意到的地方，來提升摘要能力**。

以歷史課本來講，很多考生都是看課本，把容易考出來的地方畫重點，例如「原來如此，拿破崙做了這些事」、「一六〇〇年發生了關原之戰」。

但是，東大生不一樣。歷史課本的各章開頭，都會先介紹「時代背景」。「古羅馬是這樣的時代」、「江戶時代有這樣的時代背景」等，雖然沒有寫出會考出來的具體內容，但卻介紹了作為歷史前提的**「背景」**。

「日常洞察力」小訓練 No.07

Q 日文的食物叫做「食料」，但是，也有「食糧」這個字，兩個字的發音一樣，到底差別在哪裡？

所有東大生都會熟讀這部分。一般人通常會覺得，「什麼啊，完全沒寫到任何重點，要在必須背下來的地方畫重點吧！」而跳過這部分，但其實應該把這部分詳讀之後再看本文。

不只歷史課本。東大生在上課前，會先搜尋教授的資料、學習一門知識前，會先了解該門學問的歷史，不管是商管書或漫畫，他們都會先瀏覽封面、封底、書腰、目錄，然後再搜尋這本書的資料。

也就是說，**他們在閱讀具體內容前，會先了解前提和背景**。上課和進入課本正文前，**會先了解「上游」的部分**。

・東大生掌握上游，洞察本質

我們來更具體看看東大生所觀察的事物。

以培里叩關為例。我在第1章介紹了探求原因的具體思考法，包括提出「一八五三年發生過什麼事情？」等問題。我也說明了，將一八五三年世界上發生的事和前後發生的事件串聯起來，就能找出事件的「原因」。

「日常洞察力」小訓練 No.07

A 主食叫做「食糧」，主食以外的食物稱為「食料」。「食糧」是生存的「糧」，指的是人類沒有它就活不下去的食物。主要指稻米、小麥等主食。所以真的沒有東西吃的時候稱作「食糧難」，而超市的食品賣場稱為「食料品區」。如果是「食糧品區」，在日本通常是只賣米的區域。

然而，如果我們站在**更廣的視點去思考**十九世紀是什麼樣的時代，或許可以**察覺到更多不一樣的地方**。

我搜尋一八五三年前後世界發生的事件後，找到「一八五一年在倫敦舉辦了全球第一場萬國工業博覽會」，就是現在還存在的萬國博覽會。

簡單來講，萬國博覽會就是讓各國看到本國經濟實力和產業實力，告訴大家，「你們看！我們如此繁榮！」展現人類繁華的活動。

也就是說，十九世紀中期開始，歐美列強的工業實力逐漸興盛，產業急速發展的工業革命，也是興起於十八世紀，持續至十九世紀半。工業革命以來，各國都開始具備製造黑船的能力，並且有能力將工業製品賣給其他國家。正因如此，歐美國家工業進步後，希望各國能購買他們的各種製品。這就是他們要求日本開國和自由貿易的背景。在這樣的時代趨勢中，培里也率艦叩關日本。

這麼一想，我們就知道還有無法單純用「原因與結果」來說明的「背景」。我們必須知道「背景」，才能對事情有深入的了解，進行「摘要」、過濾出重要的資訊。

「日常洞察力」小訓練 No.08

Q 中世紀的歐洲興起「獵巫行動」，獵巫在17世紀最盛行。為什麼是17世紀？

不要只看「培里叩關」的部分，若省略「十九世紀簡介」，就不知道什麼才是重要的資訊。雖然說是摘要，但其實東大生做的事非常簡單。

- 進入具體的本文之前，會先理解「來龍去脈」。
- 思考具體本文在這些「來龍去脈」中的定位。
- 從這兩個過程中找出重要的部分，畫重點並且只記重點。

這就是東大生摘要資訊的過程。

東大思維 Point 13

留意所有事情的「背景」！

「日常洞察力」小訓練 No.08

A 17世紀的歐洲因為氣候異常和經濟停滯，被稱為「危機時代」。因此這個時期很多地區爆發戰爭和農民起義事件。人民的不安達到最高點，導致獵巫行動的興盛。只要知道這一點，就能記住每一個戰爭和反抗事件的發生時間。

2 探流查源，打造「簡潔的摘要能力」：上游思考①

「我知道你的意思，但具體上該怎麼做？」

答案就是接下來要介紹的**「上游思考」**。

✓任何事都有源頭

．一切事物都屬於下游，並且一定存在著上游

大家都有去過河邊嗎？我非常熱愛河川，經常到河邊玩，河川真是很有趣的東西，每天都呈現不同的樣子。有的時候水濁，有的時候澄澈；有的時候有魚在水中游，有的時候則看不到魚。

但是，若要說明河川變化的原因，不能只靠我們所看到的部分。因為我們眼前的這條河川是有上游的。河川從上游而下，上游下雨或天氣不好的話，下游的水就會變混濁；天氣晴朗、上游的水清澈的話，下游的水也會是明淨的。

就像這樣，想了解河川，不能只看眼前下游的部分，還要同時了解上游的狀況。

我在第1章說過「所有的事物都是結果，背後一定有原因」，同樣道理，**所有的事物都是「下游」，事物背後一定藏著「上游」**。

一切事情的背後都有背景和前題。而**摘要能力強的人，掌握「上游」的能力也很好**。

例如，你們在自我介紹的時候，會說些什麼？自我介紹是把自己的經歷做摘要，然後告訴別人的行為。你覺得要說什麼，才能在幾分鐘內讓對方認識自己？

自我介紹時，就算你說出「昨天發生的事」、「具體的工作內容」等個別事件，也無法讓別人認識你。因為這些都是「下游」資訊，說再多也不是你這個人的「摘要」。

那該怎麼自我介紹？大部分的人會提及自己的成長背景對吧。包括在哪裡出生、做過什麼等這類「成長歷史」。從這些內容，別人就會了解「你因為有這些經驗，所以才會產生這種想法」、「因為在那裡成長，所以才會做這個工作」等。

摘要自己的經歷時，最後還是要回歸到成長背景這個「上游」。

當然，直接使用上游資訊並不等於摘要。光是說「我來自九州」並不是摘要，但是只

「日常洞察力」小訓練 No.09

Q 日本的學校有讓學生「集合、列隊」的慣例，其實這在其他國家好像不常見。「集合列隊」到底是什麼？

要理解背景，就可以進行摘要。「我是九州人，在壯麗的大自然中成長，還有許多熱情洋溢的朋友，因此我擁有絕不輸人的鬥志」，像這樣**透過說明背景，在摘要中放入必要的根本資訊**。

・世界充斥著「下游」資訊

這樣想來，**這個世界簡直是「下游」資訊氾濫**。

例如，「某國發生校園槍擊案，有學生遭到槍殺」的新聞鬧得沸沸揚揚。就算把原因歸咎在「犯人持槍掃射」，也無法完整說明，而且也不是適當的摘要。

若我們把「開槍掃射事件」視為下游，上游或許會是「人人都能買到槍的社會」，或者是「移民犯罪率居高不下」。比起「A嫌犯犯下這起案件」，「槍械氾濫造成發生社會案件」才是更恰當的摘要，不但能清楚傳達訊息，也更好記住。

新聞、報導、文章以及自我介紹，這世界充斥著下游資訊，我們都忽略了上游資訊。**東大生則通常在日常生活中就會留意到上游資訊，他們會去了解上游的背景，思考如何「簡而言之」，所以具備很強的摘要能力**。

「日常洞察力」小訓練 No.09

A 其實日本很多教育都可以追溯至第二次世界大戰。「集合列隊」和「朝會」都是從軍隊導入學校的習慣，並沿襲至今。有些文化和習慣的起源真的很奇妙。

東大思維
Point 14

掌握所有事物的「上游」，就能適當整理資訊。

✓「探流查源」的四個步驟

讓我們實際透過「探流查源」找出上游資訊！可以透過下列四個步驟進行：

·STEP0 找出你想摘要的文章和想了解背景的事情

從摘要書籍、文章開始練習，熟悉之後再挑周遭的事情來思考。

·STEP1 用語定義：明確定義用語

首先，從**用語定義開始做起**。有一句話說「人如其名」，解釋用語是讓我們獲得上游資訊最快的方式。

說話是很自然的事，但無論是寫作或聊天，每個人選用某個詞彙一定都有理由。這個步驟可以讓我們了解這個選擇背後的動機。

例如，如果是一篇有關「世界史」的文章，我們可以思考「世界史是什麼意思？該怎麼定義？」如果聽到「我是九州人」這句話，則可以思考「九州是個什麼樣的地方？」看到「主權國家體制誕生」，就要思考「什麼是主權國家？」

你或許會覺得這樣繞了一大圈，但是從用語的定義開始學習，反而才是找出上游資訊的捷徑。

・STEP2 探索源頭：找出「最初的原因」

請思考「源頭」的部分。用綜觀的角度看待事物，就能獲取上游資訊。

看到「美國入侵」，請想想「美國是什麼樣的國家？」閱讀文章的時候，也要特別留意有出現「究竟」、「原本」這些字的地方。例如，如果書上寫著「究竟社會學是探討什麼的學問？」就要仔細閱讀這個部分。並且，你可以從STEP1或2擇一執行。只要能提出「問題」，找出獲取上游資訊的重點即可。

《The Illustrated Book of Sayings》：Curious Expressions from Around the World
Ella Frances Sanders 著 Ten Speed Press

本書主旨在說明確實理解字彙的定義非常重要。我們平常用得很自然的話，也可能難以解釋意思或無法翻譯。這本書啟發了讀者的這層意識，是一本使人更細膩去探討語言意義的書。

・STEP3　探流查源：思考事物的前提

基於STEP1、2，整理上游資訊。

「世界史是這樣的學問。」

「美國的建國史是這樣。」

試著整理出這類資訊。你整理出來的這些內容，都是形成事件背景的重要訊息，也就是「上游資訊」。只要了解上游資訊，就能完成接下來的「內容摘要」。

「探流查源」這樣做

1

STEP0　哲學。

STEP1　什麼是哲學？

STEP3　探索世界和人類最根本本質的學問。

「日常洞察力」小訓練 No.10

Q　日本的地瓜叫做「薩摩」「芋」（發音為satsumaimo）；山藥叫做「山」「芋」；馬鈴薯叫做「jaga」「芋」(imo)。這個「jaga」又是什麼意思？

2

STEP0 培里從美國率軍艦叩關日本。

STEP2 美國到底是什麼樣的國家？

STEP3 一七七五年贏得美國獨立戰爭後，美國正式建國。十九世紀開始，美國開始擴張領土，一八四八年成功西進。

3

STEP0 珍珠奶茶開始流行。

STEP2 什麼是珍珠？

STEP3 珍珠是用木薯根莖的澱粉所製成，珍珠奶茶起源自台灣。

4

STEP0 美國維吉尼亞州發生槍擊案。

STEP1 究竟是什麼促發了槍擊案？

「日常洞察力」小訓練 No.10

A 其實這個「jaga」也是地名。Jaga是印尼的爪哇島，也就是指「雅加達」（Jakarta）。據説馬鈴薯原產自南美安地斯地區，從這裡傳入歐洲。積極從事貿易的荷蘭，以雅加達為據點，傳入日本的根莖類作物是「Jakarta芋（imo）」，爾後讀音逐漸演變成「Jagaimo」，並且沿用至現在。了解這個源流，就能深入了解原產地和世界史。

STEP3 由於美國設有「美國槍支政策」，因此一般民眾也很容易購買到槍枝。

挑戰「關係串聯」！

【問題】

找出下列事實的「上游」，整理出「流程」。

Q1 法國大革命是世界史上重要的轉捩點。

Q2 任天堂Switch熱賣。

Q3 日本產業空洞化。

《人類大歷史》：從野獸到扮演上帝（新版） 哈拉瑞（Yuval Noah Harari）著 天下文化

以「虛構」的角度切入，「重新詮釋」人類歷史的一本書。從「虛構」這個上游闡述下游資訊，也就是「歷史上發生的各種事件」。透過作者這樣的編排來閱讀，有助於吸收豐富的知識。

【請作答】

A1

A2

A3

【答案】

A1

STEP0 法國大革命是世界史上重要的轉捩點。

STEP1 什麼是「革命」？

↓受支配的一方，從根本改變支配者的權力結構。

STEP1 什麼是「轉捩點」？

↓帶來變遷和重大變革的契機。

STEP2 究竟什麼是「法國大革命」？

這場革命打倒了君主專制政體，樹立由人民掌握主導權的共和政體。

STEP3 法國大革命之前採取君主專制政體，革命後君主制畫下句點，形成人民主導的公民社會，成為歷史上的重大改革。

A2

STEP0 任天堂Switch熱賣。

STEP1 Switch是什麼？

↓任天堂推出的遊戲機。

STEP2 什麼是「遊戲機」？

↓遊戲機的機種。相較於各種遊戲軟體，遊戲機指的是玩這些軟體的硬體。

STEP3 過去市面上也有很多遊戲機，任天堂新的硬體Switch卻大賣（或許是因為這款遊戲機有什麼新賣點，如果能產生這樣的想法就很棒！）。

「日常洞察力」小訓練 No.11

Q 我們很常在日本漫畫和小說中看到「對手」（rival）這個字。雖然日文通常翻譯成「好敵手」（勁敵），但這個字在英文中通常單純就是指「敵人」。rival這個是的字源又來自什麼？

A3

STEP0 日本產業空洞化。

STEP1 什麼是「產業空洞化」？

↓日本的企業外移，在國外設廠，最後導致日本產業衰退。

STEP2 那為什麼要在國外設工廠？

↓因為國外人事費便宜，也有稅制上的優勢。

STEP3 由於人事費和稅制占優勢，所以很多日本企業將工廠外移。

東大思維 Point 15

透過探索源頭，掌握事情的概況。

「日常洞察力」小訓練 No.11

A rival 的字源是「river（河川）」。由於以前的人經常為了河水產生紛爭，因此「河川」就像是「糾紛的導火線」。由此延伸的的「rival」，則單純被用來指稱「敵人」。並且，有「抵達」意思的「arrive」，據說也是從「river」演變而來。原本是指「抵達河川對面」，後來漸漸變成「抵達」的意思。

3 具備摘要能力，你就能讓「所有人聽懂」：上游思考②

✓利用「摘要」串聯上游與下流資訊

・串聯上游與下游資訊

你已經懂得用「探流查源」掌握河川的「上游」，不過，還沒結束。

接下來當然就是把上游和下游結合起來。**上下游串聯後，就會形成摘要**。

讓我簡單說明一下是怎麼回事。

例如，你們知道「snack」是指什麼點心嗎？很多人會想到洋芋片等袋裝零食。不過，用英文字典查了之後，我找到的意思包括「輕食、點心、少量」。

以上都是「源流探索」。這樣一來，我們就掌握了「上游」，而接下來，我們必須摘要出「snack」的實際意思。

因此，我們要來找一找「下游」。我們要來思考如何將具體的「snack」與剛才查到的「輕食、點心、少量」連結在起來。

在這樣的過程中，我們可以想到「snack」可以指「負擔低、少量的點心」。因此，我們可以把 snack 摘要為「負擔低的點心」。

・有多種可以串聯的對象

然而，在這個過程中我希望你可以留意到，隨著「串聯對象的差異」，會出現截然不同的摘要。例如，國外使用「snack」的場合。當外國人說「請給我 snack」的時候，通常端出來的會是漢堡或三明治等輕食。

在國外，snack 不只是指零食點心，也包含這類輕食。

將這一點與「上游」資訊「輕食、點心、少量」合起來思考，就知道「snack」也有「輕食」的意思。

與「日本的零食」連結就會是「少量」的意思，與「國外的用法」結合，就會有「輕食」的意思。

「日常洞察力」小訓練 No.12

Q 高知縣和香川縣之間，會交換某一種「資源」。夏天時，會從高知縣運送香川縣缺乏的「某種資源」。你猜這種資源是什麼？

讓我們用前面的河川比喻，再進一步說明。例如，一條河川的上游可以延伸出許多下游，**就表示一個上游並非只有一個下游**。

我前面提過，上游的工業革命（＝各國紛紛工業化，經濟快速發展），可以連結到下游的培里叩關。

然而，除此之外，工業發展這個上游，也延伸出了一八五一年萬國博覽會、伴隨工業化而來的環境破壞問題，以及目前仍存在的勞動問題等「下游」。

一個上游不只連結一個下游，而是分支出許多河流。

・東大生畫的重點都一樣

閱讀文章時，也能運用這個思考方式。

其實，擅長摘要書籍內容和速讀的東大生，畫重點時，通常畫的部分都一樣。你覺得他們會在哪裡畫重點？答案就是**書和文章的開頭和結尾**。

為什麼在「開頭」和「結尾」畫重點？因為所有文章在開頭都會介紹：

「日常洞察力」小訓練 No.12

A 答案是「水」。由於香川縣降水量少，因此會從高知縣的水庫引水。這個問題的重點在於能否正確理解「資源」這個字。資源是指「生產活動中所使用的能源」，不僅是礦物、石油，也包括水和糧食等「資源」。若不知道這一點，就會只想到「資源？大概是礦石吧？」語言真是深奧吧。

・為什麼要寫這篇文章？

・書裡介紹的是什麼概念？

假設是哲學相關書籍，就會從「什麼是哲學？」開始寫，我寫的書也會在「前言」裡面先介紹**「寫這本書的緣由」**。

而文章最後，則通常會提到：

・文章的結論是什麼？

・作者希望看完本書的讀者有什麼作為？

開頭是上游，結尾則是下游。**只要在這兩個部分畫重點，剩下的內容就是「串聯兩者」的資訊**。這些內容即連結上下游的河流。

> **東大思維 Point 16**
>
> **只要將眼前的現象與「上游」連接，就能寫出「人人都看得懂的摘要」！**

✓「摘要」的四個步驟

我們可以透過下列四個步驟進行「摘要」：

・STEP0 完成前面的「源頭探索」，盡可能寫成文章，做成筆記

・STEP1 上游搜尋：從「探流查源」中找到上游資訊，過濾出關鍵字

從關鍵字中選出「好像滿重要」的單字。這些單字可以是「美國獨立戰爭」，也可以是「本質」、「經濟發展」等。請選出多個關鍵字。

摘要文章的時候，從上游的內容、書名、目錄及封面選取關鍵字。

・STEP2 串聯：思考這些關鍵字與你想要摘要的事項有關聯的部分，串聯起來

從各角度搜尋你列出來的關鍵字。篩選出較重要的關鍵字，並搜尋看看是否有與摘要事項相關的內容。

找資料的時候，試著以文章的形式寫出說明文非常重要。如果能做到這一點，就能順

《20個字的精準文案》：「紙一張整理術」再進化，三表格完成最強工作革命
淺田卓著　三采出版

本書介紹的是如何用少少的「20個字」精簡資訊的技巧。我在本書中也提過很多次，把資訊整理得讓別人聽得懂非常重要。我建議不擅長「做摘要」的人，可以看看這本書。

利寫出摘要。

摘要文章時，將文章中的關鍵字畫重點，閱讀上下段落，進一步理解關鍵字的意思。

・STEP3 編寫摘要：用相關的關鍵字說明上游資訊，解釋事情。

利用STEP1、2的資訊，完成說明文。如果能用關鍵字寫出「外行人」都看得懂的說明文，那就是一篇完美的摘要！

寫摘要的時候，必須注意應該要省略「具體例子」和「數字」。摘要一定是「粗略的資訊」，雖然不是具體例子，也很抽象，但若不過濾出本質，就無法真正培養摘要的能力。

「日常洞察力」小訓練 No.13

Q 如各位所知，日本盛行動漫、玩具及懷舊零食等「兒童娛樂文化」。在這些文化的背後，到底有什麼故事？

「寫摘要」這樣做

1

STEP0 經過產業革命，各國因技術革新完成了工業化，也成為資本主義經濟發展的契機。

STEP1 「技術革新」、「工業化」、「資本主義」

STEP2 技術革新：蒸汽機等技術的進步，讓工廠可以大量生產。

工業化：工廠製造工業產品，為了將產品出口，歐美各國開始要求與亞洲各國貿易。

資本主義：透過金錢促進經濟活動的活動。

↓由於工業化促使了生產過剩，因此經濟開始活絡。

STEP3 產業革命和技術革新帶來大量生產，促進了自由貿易，讓商人將商品出口至國外。如此又活絡了經濟活動，帶動資本主義經濟的發展。

「日常洞察力」小訓練 No.13

A 其實，這個文化的背景來自「紅包」和「零錢」。在歐美，父母不會直接給小孩零錢，而是「直接買小孩想要的東西給他們」，相較於此日本從以前就有給小孩錢，讓他們學習管理金錢的習慣。因為這樣可以讓小孩思考「如何運用零錢」，因此形成了販售兒童商品的文化，廠商研發的不是「討好父母的商品」，而是「孩子們真正喜歡的東西」。

2

STEP 0 美國維吉尼亞州出現一名男子持槍掃射。

↓由於美國是無嚴格限制人民擁槍的「槍械社會」，因此人民可以合法買到槍枝，也因此持槍掃射事件層出不窮。

STEP 1 「民眾」、「槍械社會」、「槍擊案件」

STEP 2 槍械社會：槍枝普遍存在於日常生活中的社會。在日本，由於法律嚴格禁止人擁槍，但許多歐美國家沒有此禁令，尤其據說全美國有四成的人擁有槍枝。

持槍掃射事件：頻繁發生的持槍無差別掃射或殺人未遂事件。美國每年有一萬一千人以上死於槍殺，這個數據相當於殺人和過失致死總數的三分之二。

STEP 3 因為是可以合法擁槍的槍械社會，所以才會發生持槍掃射案件。

「日常洞察力」小訓練 No.14

Q 時鐘的短針繞一圈是12小時、一打是12個、1年有12個月、1天是12小時的2倍、60分鐘是12的5倍。為什麼「12」這麼頻繁出現？

挑戰「寫摘要」！

【問題】

Q1 法國大革命↓在這之前都是君主專制政體，革命後君主制畫下句點，形成人民主導的公民社會，成為歷史上的重大改革。

Q2 產業空洞化↓由於在人事費和稅制上占優勢，因此很多日本企業移到國外設廠。

【請作答】

A1

A2

A3

「日常洞察力」小訓練 No.14

A 「12」之所以出現得如此頻繁，是因為可以和很多數字整除。例如，如果要將10顆蘋果分給3人，就會多出1顆。如果是4個人分，就會剩下2顆。可以整除的數字越多，在計算上會變得相當方便。「12」可以和2、3、4、6整除，在數字1～19中，只有12可以和這麼多數字整除，所以「12」是很好用的數字，適用於許多場合。

【回答】

A1

STEP1 「君主專制政體」、「公民社會」

STEP2 君主專制政體：國王擁有絕對的權力，形成支配人民的權威體制。

公民社會：由人民主導，由人民代表行使統治權的社會。

STEP3 法國大革命是指，促使由國王掌握權力的時代，轉變為由人民行使統治權時代的轉捩點。

A2

STEP1 「人事費」、「稅制上的優勢」

STEP2 人事費：聘請員工的費用。員工的薪資水準，通常先進國家較高，發展中國家較低。

稅制上的優勢：降低企業繳交給國庫的法人稅等稅金，並享有其他優惠措施。

flier

提供書籍摘要的網站。看完一本書之後，到這個網站看看摘要，就可以知道「哇，原來要這樣寫才會一清二楚」，提升自己的解說能力。
https://www.flierinc.com/

STEP3 產業空洞化是指，由於國外薪資水準低且稅金便宜，因此越來越多企業的工廠外移至國外，導致日本產業低迷。

東大思維
Point 17

摘要應省略「具體例子」和「數字」，只留下抽象和本質的部分。

第3章

運用目的思考，就能「對所有人講清楚說明白」

——東大生會明確找出「目的」

1 東大生自然會「配合對方的狀況進行說明」

記憶力和摘要能力，我在前面已經介紹這兩種東大生擁有的能力。這兩種能力，並不是出社會後就能派上用場的能力，而是幫助你吸收知識、學習的能力。因此，我在第3章要改變一下方向，介紹學業和職場上都實用的技巧，也就是「解說能力」。

✓聰明的人都具備的良好「解說能力」

・「說話」就是「說明自己的想法」

你們知道人在什麼時候，會做「說明」這個行為嗎？

我們對別人進行說明的場合，比你想想得多。例如，單純向別人解釋工作或傳達意見時，都是在做說明。例如：「這裡要這樣做……」、「這邊是這樣……」等。

簡報也是如此。報告自己腦中的資訊時，只要換個角度，就會變成一場說明。向別人傳達自己的想法，這個行為換句話說就是說明。總之，其實「說明」即是「說話」這件事。我們在和別人聊天的時候，隨時都在說明自己的想法。

「能言善道」的人，都會令人留下聰明的印象。看到口齒流利，能迅速表達想法的人，我們會覺得「哇，這個人腦筋動得真快」。

「能言善道」等於「解說能力好」。從這個角度來看，我們**也可以說，聰明的人解說能力也很強**。而且，很多東大生都很幽默。「東大生是只會讀書的書呆子」這樣的印象完全是偏見，很多東大生都是溝通高手，我想這是因為他們很會向別人做說明。

東大思維 Point 18

「能言善道」的人，「解說能力也很強」。

✓聰明的人溝通時懂得套用「對方知道的事」

・解說能力好的人有哪些特徵？

到底怎樣才能培養「解說能力」？

有看過前面內容的讀者應該都知道吧？沒錯，這一點也可以用**「日常洞察力」**的差異來解釋。

話說回來，解說能力好、能言善道的人，到底哪裡比別人強？他們一定是有什麼地方比別人厲害，所以才能讓別人聽懂他們說的話。

提到能言善道的人，我第一個想到的就是某個人。

這個人就是賣力推銷智慧型手機的賈伯斯，智慧型手機完全就是「改變世界」的機器。全世界的人聽了他的說明，紛紛改用智慧型手機。

所以，賈伯斯的介紹到底好在哪裡？答案就在**他的「謊言」**裡。

他的「謊言」簡單明瞭。他稱呼智慧型手機為「行動電話」。

智慧型手機雖然有行動電話的功能，但這不是智慧型手機的本質。你們也不會只用智慧型手機來打電話吧？

我們會用手機上網找資料、使用ＡＰＰ、玩遊戲、收發郵件等。**智慧型手機說穿了其實是「電腦」**。把電腦縮小到可以隨身攜帶的尺寸，這就是智慧型手機。

賈伯斯用「行動電話」來陳述這一點。**因為對很多人而言，「行動電話」是「已經知道的東西」**。

「電腦？有必要縮小嗎？」，在眾人這樣的想法中，賈伯斯換個說法令人產生「原來是行動電話啊！這樣的話，我也換看看」的想法，並且購入新手機。大家用過之後，對智慧型手機的方便性愛不釋手，使得智慧型手機在全球普及開來。

．將「對方已知的事情」與自己的說明連結

人類無法理解「全新的事物」。我們可以理解想像得到且在「自己認知範圍內的東西」，**但無法了解難以想像的事情**。

因此，賈伯斯用「行動電話」來指稱智慧型手機，令我們可以理解並促使智慧型手機發展至目前的盛況。

那麼，讓我們回到最初的問題。解說能力好的人，到底厲害在哪裡？

答案就是**將對方的「已知」與自己的說明做連結**。

講白一點，人無法了解自己不知道的事情。除了已經理解的東西之外，對任何人解說

他們不懂的東西，都是對牛彈琴。善於解說的人，非常清楚這一點，所以**他們會利用對方「已經知道的事情」去做說明**。

東大思維
Point 19

說明就是把對方「已知的事情」與即將說明的事情連結。

✓解說能力優異的人，通常「比喻能力」也很棒

・人類只能從已知事物去理解未知

人類幾乎沒有理解新事物的能力。我們絕對聽不懂聽都沒聽過的領域，或者在沒有背景知識的狀態下去了解其他事情，再聰明的人都無法做到這一點。

即使如此，人類照樣可以持續累積知識，究竟是怎麼辦到的？

答案就是**將新事物與「自己已經知道的事情」連結並理解**。

例如，我在第1章說「unite」這個英文單字的意思是「統一」，我在那一章也提到

「日常洞察力」小訓練 No.15

Q 既然講到行動電話，那問題來了。全球「鉛」的消耗量是「鉛」生產量的2.2倍（2007年），為什麼消耗量可以超過生產量的兩倍？

「unite 是 United States 的 unite」、「其他字首是 uni 的單字還有 unique 和 uniform」。在這樣的說明下，即使沒看過「unite」這個字的人，也會知道意思。

然而，如果是 United States、unique、uniform 都沒看過的人呢？他們只能盡力死背「unite」的意思。另外，也有人看到「unite」，但無法聯想到 United States、unique 或 uniform。這樣的話，還是只能硬把「unite＝統一」記住。

人類在理解事物的過程中，必須像這樣將「已知」和「未知」串聯起來才能了解事情。將自己不知道的東西與知道的東西結合。反過來講，如果不結合已知的資訊，就無法吸收未知的資訊。

想跳過這個步驟去學習新知或向別人說明，都是不可能的。

・「理解力」就是「連結已知和未知的能力」

東大生非常擅於將未知的資訊連結自己的「已知資訊」。當教授講授的內容太難或者是沒聽過的領域時，他們就會想「啊，教授說的和這個部分類似」、「之前好像在書裡看

「日常洞察力」小訓練 No.15

A 換手機的時候，會看到中古機回收這項服務吧？這是為了「回收」零件和礦石，用來製造新的手機。也就是說，再利用使用過的鉛來製造新手機。因此，消耗量才能高過生產量。

過相關的東西」，將未知與自己熟悉的知識連結起來，去理解新資訊。像這樣**讓未知事物與「自己知道的事情」產生連結，即可加速理解**。

例如，很多人不喜歡背英文單字，而很多東大生會用某個方法來背單字。這個方法就是運用和製英語和「生活中到處都看得到的日式英文」。我在第1章中以「肯德基爺爺」（Colonel Sanders）為例講解「colonel」這個單字，但日本人在日常生活中沒意識到的英文其實還有很多。

例如，在日文中，公車和電車的起始站和終點站叫做「ターミナル」（terminal）。另外，你知道電影「魔鬼終結者」（Terminator）嗎？

這兩個單字中都有的英文單字「term」，就像我在第1章解說過的，原本是「範圍限定」的意思。由於是限定公車、電車移動的範圍，因此「terminal」有起始站和終點站的意思。因為是終結人類歷史，也帶有限定範圍的含意，因此影視公司將此電影命名為「Terminator」。

如何？就算看到「term」也不知道意思的人，只要知道這兩個字的含意，立刻就「懂了」吧？

「日常洞察力」小訓練 No.16

Q 你有沒有被「期間限定」這幾個字誘惑而購買過某個東西？很多商品都會用「今天最便宜」、「當日限定」等廣告詞來促銷，而我們一看到期間限定這幾個字，就會很想買對吧。這是為什麼呢？

「terminal」、「terminator」、「unit」、「snack」、「order」、「free」、「exit」……，其實每天都能接觸到一千個以上的「英文單字」。東大生一看到新的英文單字，都會想想生活中有沒有看過類似的字，藉此迅速理解。

正是**由於日常洞察力的差異，東大生比其他學生更快理解英文單字。**

・解說能力佳＝例子舉得好

只要例子舉對，自然能說明白講清楚。**你的解說對對方而言是「未知的資訊」，因此，若要把未知變成已知，說明時就要連結「對方的已知資訊」，這麼一來，對方也能迅速理解你說的話。**

當我們聽到一個陌生的名字，我們不會知道這是怎麼樣的人。即使別人說「○○這個人……」，我們也只會在心裡想「他哪位啊？」但是，如果換成說「○○這個人跟你認識的△△很像……」我們就會知道「哦，原來是那種人。」

向沒聽過「colonel」的人解釋「肯德基爺爺」的來源、對沒看過「term」的人說明

「日常洞察力」小訓練 No.16

A 人類在「東西被剝奪」時，會形成抗拒心理。期間限定代表過了這個期間之後就買不到了。人們對於即將消失的東西會產生稀有價值的感覺，所以克制不住想買的欲望。雖然我解釋的是「稀少性原則」，不過懂得這樣的心理作用，也不會吃虧。

「terminal」、跟不知道「智慧型手機」的人解說「行動電話」，他們就非常明白你在說什麼。

最清楚的說明方式，就是**「比喻法」**。

愛因斯坦在跟小孩解釋自己的相對論時，也是說「例如，你跟喜歡的人聊天時，一小時也感覺像一瞬間吧？這就是相對論喔。」

就像這樣，為了讓對方聽懂，最好的方式就是用對方能懂的「例子」。說明時，避免用太抽象的東西舉例，**使用大家都有過這樣做、不必用艱澀的概念，而是舉人人都知道的簡單例子**。

所以，**解說能力佳的人，都很會「舉例」**。並且，聰明的人可以立刻想到例子。跟別人聊天時，他們可以迅速整理出「所以具體而言，就是這樣……」向別人做說明時，他們會說「有聽過這種事嗎？其實就像是這樣……」用例子來解釋。他們在這方面特別厲害。

以上內容可以整理如下：

・人在理解事情的時候，必須連結「自己已經擁有的知識」。
・向別人說明某件事的時候，必須結合「對方的已知資訊」和「你想告知的未知資訊」。
・舉代表性的「例子」為例，例子舉得好，說明就可以令人聽得懂。

接下來要介紹的「目的思考」，有助於我們鍛鍊這項能力。「目的思考」就是從各種事物中找到例子以利說明。

東大思維
Point 20

舉對方已知的資訊為例，就能迅速讓他了解你的話。

2 尋找目的，就知道「溝通的重點」：目的思考①

✓手段不重要，重要的是「目的」

從這裡開始我要介紹培養「解說能力」的技巧和「目的思考」，但在這之前我有一個問題。

目的的相反詞是什麼？

答案是**「手段」**。未來的夢想是目的，現在為了實現夢想而採取的行動叫做手段。

目的思考是將事情分成「手段」和「目的」來思考。採取什麼手段才能達成目的？現在採取的手段，是為了達成什麼目的？思考這件事的行為就稱為「目的思考」。

．東大生擁有明確的「目的」

從這裡開始，我要談的東西乍看之下跟「說明」扯不上關係，或許你會覺得莫名其妙，但之後就會銜接起來，所以還是請你看一下。

總之，我認為東大生最棒的優點是具備「目的意識」。東大生由於目的明確，所以總是能做出成績。也許有人會想「目的？有這麼大的差別嗎？」**但東大生的「目的」洞察力跟一般人截然不同。**

例如，你們如果想進東大，會先做什麼？讀書？調查東大的資訊？

東大生對於這個問題，幾乎只有一個答案。幾乎所有的東大生都會**先設定目標，例如總分幾分才能錄取東大？某個科目考幾分才有機會？**

而且，他們設定得非常細，例如「英文想考七十五分。在1a的部分拿六分、1b拿八分、2a比較難，但希望拿到十分。剩下的五十一分……」，像這樣設定各科每一部分的目標分數，並且配合目的念書，例如，想在1a的摘要問題拿到分數，就要看這本參考書。

我讀東大這麼久以來，從來沒遇過沒設定試題各部分目標分數的東大生，大家的做法都是如此。

聰明的人在日常生活中，目的洞察力就相當高。他們不會說「希望數學考高一點！」

而是，「希望下次的數學考偏差值能提高五分，換算成分數的話就是十五分，希望微積分部分的分數再高一點。」他們不會說「想要變得會煮飯！」而是，「希望下週請朋友來家裡聚餐時，可以做出五道以上達到一般水準的菜。」

他們會**設定具體且可以掌握下一步行動的目的**。

・目的夠具體，手段也會跟著浮現

「掌握行動」的意思就是**知道「手段」**。

「希望數學成績變好」這樣的目的，會使人搞不清楚要寫多少習題。然而，如果是「希望下一次數學考試的偏差值能增加五分，所以這個部分要拿到這個分數……」就很明確知道**「該做什麼」**。

這麼做才比較有可能達到目的。

並且，實際選擇執行的「手段」時，也能思考「怎麼做才能讓手段與目的一致」，避免浪費時間與精力。「如果數學要多拿十五分，那現在讀的這個也沒用」，就能像這樣依

《ものの見方、考え方》 外山滋比古著 PHP 文庫

外山教授教導我們許多整理思考，讓頭腦變聰明的方法。其中這一本，介紹的是將「原因思考」與「目的思考」應用在學問上的技巧。我建議可以搭配本書一起閱讀。

據目的選擇適切的手段。

很多人「目的」含糊，卻只顧著想「手段」。

「總之，為了數學成績能進步，先讀這本參考書再說」、「反正只要能提升業績就好，所以狂打電話就對了」，很多人目的都還沒弄清楚，就拚命想方設法。

「終於看完一本參考書了！」、「終於打完一百通電話！」**即使手段達成了，也因為與目的不一致，所以沒有成效……**這種情況真的常常發生。

我在第1章、第2章說過，「很多人只注重結果和下游資訊，但其實真正重要的是原因和上游資訊。」現在，**我希望你們不要只注重「手段」，而是必須先想清楚「目的」。**

東大思維
Point 21

腦海中不能只有手段，確實想清楚目的才是關鍵！

✓人的一切行為一定都有「目的」

·徹底想清楚到底「想傳達什麼訊息」

如果想讓自己的「說明」好懂，就要先釐清「目的」。

就說明的部分，我已經講過，必須連結「對方擁有的知識」和你想表達但「對方不知道的知識」。在這樣的情況下，**「對方擁有的知識」是手段，「對方不知道的知識」則是目的。**

也就是說，徹底想清楚**「想傳達的訊息」，手段自然就會浮現。**

先想「要怎麼說」，一點意義也沒有。

例如，你想和別人分享看過的電影時，就算你說「有這樣一幕！」、「這部分的描寫超棒！」別人也無法體會電影的魅力。與其如此，不如說「這部電影描寫的是怎樣的故事！」敘述電影的劇情概要，別人還比較聽得懂。

不要說「這部電影的女主角很可愛」，改說「這是一部令人心動的浪漫電影」，對方才會產生共鳴地想「哦，原來是這樣的電影。」

我們**常常會不自覺地講太多內容**。當我們向別人說明的時候，常常會以為「講一下這個故事，應該很有趣！」、「加入這個部分，大家應該會喜歡！」等。然而，**這些都只是「手段」**，這些都可以擺在後頭，**你應該先思考的是「目的」**。你必須用簡短的幾句話，把你真正想講的話，傳達給聽你說話、看你文章的人。

「目的」優先，「手段」為後。想清楚目的，自然就會知道「手段」。無論是做說明或其他事，都是遵從這個原則。

・缺乏「目的」的比喻，即失去意義

例如，假設你想到了一個簡單又有趣的例子。而且你還知道很多雜學知識。但是，這些資訊如果不在適當的時機下使用，就會失去意義。無論再有趣，聽到的人也只會覺得「什麼？怎麼現在講這個？」或者「有趣是有趣，但然後呢？」

假設我突然得意地說「欸，你知道嗎？聖女貞德（Joan of Arc）以前根本沒有名聲，是死後超過五百年才獲得正面評價！」你猜大家會怎麼反應呢？應該是「哦，是喔。所以

呢？」例子本身的有趣度和雜學知識的深度，跟好不好說明完全沒關係。**「例子」是因為你有訊息想傳達而存在。**

・想要增強說明能力，就要有明確的「目的＝標題」

或許有讀者會想「我知道你說的，但具體來講到底該怎麼做？」非常簡單。**只要幫自己要講的話下一個「標題」即可。「標題」就像是為你接下來要講的內容插上「旗幟」**。向眾人宣示「我接下來要講這件事！」

我們應該做的第一件事，就是為自己的說明想一個「標題」，也就是**「你要說明什麼？」**我們必須先舉起標題這個旗幟。

以前面的聖女貞德來講，以「不必在意他人的看法！」為題，言及「聖女貞德死後五百年才重獲名望。由於人們的評價會隨著時代和文化改變，因此在意別人的眼光實在是浪費時間」，這麼一來大多數的人就會「心有戚戚焉」。

就像這樣，**先有「標題」，內容就會變得充實**。絕對不能顛倒順序。**我們先決定標題這個目的後，再決定手段。**

簡單來講，**說明一件事之前，先為你要解說的事情下「標題」**。

我經常寫網路新聞，而我最重視的就是「標題」。有在寫網路新聞的人，應該都聽過**「網路新聞九成靠標題吸引讀者」**。無論內容再豐富，如果無法讓讀者一看標題就了解新聞內容，讀者連看都不會看。

而**想標題的技巧就是「尋找目的」**。

東大思維
Point 22

為自己的話下「標題」，任何事都瞬間變清晰易懂。

✓「尋找目的」的四個步驟

我們可以透過以下四個步驟來進行「尋找目的」。**按照「最終目標」→「目的」→「小目標」的順序進行。**

・STEP0 想一想你有什麼事想說明

先想你要說明什麼事。在這階段不必深思熟慮，只要是「想告訴大家的事」都可以。

・STEP1 擬定最終目標：思考你要讓別人聽懂什麼

在這個步驟思考「最終目標」。「最終目標」就是你最想傳達的訊息，例如「只要他聽懂這裡」、「這樣做才能解決這個問題」等。

・STEP2 選擇目的：從最終目標反推，思考應該說些什麼

從「最終目標」反推，思考「目的」。為了達成最終目標，你應該講哪些內容。

・STEP3 擬定小目標・讓目的更清晰：擬定更具體的目的。在目的中加入以數據為根據的「目標」、設定期限，讓目的更具體

由於我們是在STEP2擬定目的，因此要在這個步驟讓目的更具體。設定數字目標來達成目的是很有效的做法。如果你的目的是「廣為人知」，那就把

「日常洞察力」小訓練 No.17

Q 看到別人在笑，你也會跟著笑。相反地，看到別人哭，你也會跟著哭。為什麼情緒會傳染呢？

目標設定為「希望一萬個人看到（達到一萬瀏覽人次）」，以數字設定清楚的目標。

「尋找目的」這樣做

1

STEP0　想要寫一篇有關「他人評價」的文章。

STEP1　最終目標：告訴人們「在意別人的看法根本沒意義」。

STEP2　目的：跟大家介紹「死後後世對他的評價才改觀的偉人」。

STEP3　小目標：找出三位以上「死後後世對他的評價才改觀的偉人」，並介紹給大家。

2

STEP0　在徵才活動上寫一篇文章，分享「我的大學生活」。

「日常洞察力」小訓練 No.17

A　人類具有在無意識中配合他人情緒的特質，這種特質叫做「鏡像效應」。我們在不知不覺中會被對方牽著走。許多與憂鬱症患者有很多交談機會的心理諮商師，之所以也容易罹患憂鬱症就是這個緣故。如果你想讓對方笑，那就自己露出笑容，反過來講，如果你心情不好，就避免和心情不好的人在一起。

STEP1　最終目標：告訴別人「我參與各種活動，促使自己成長」。

STEP2　目的：介紹「成長過程中發生的事」。

STEP3　小目標：想出兩個以上「成長過程中發生過的事」，告訴別人我曾經做過什麼。

3

STEP0　寫一篇有關手機學習的文章。

STEP1　最終目標：告訴別人「雖然一般普遍認為手機有害學習，但其實不一定是這樣」。

STEP2　目的：介紹「使用手機讀書的優點」和「使用手機學習的具體方法」。

STEP3　小目標：介紹三個「使用手機學習的優點」和三個「使用手機學習的具體方法」。

你覺得如何？

「尋找目的」其實不只有向別人說明事情的時候能派上用場，還能運用在所有場合。

你正在做的某件事「最終目標」是什麼？怎樣才能達到這個最終目標？

像這樣**利用「尋找目的」提高「日常洞察力」，很多事情就會順利進行。**請一定要試試看！

挑戰「尋找目的」！

【問題】

Q1 請想一想，如果要寫一篇有關遲到原因的文章，需要什麼樣的「最終目標」、「目的」、「小目標」？

Q2 如果要做一個比較「香菇山」和「竹筍村」巧克力餅乾的簡報，需要什麼樣的「最終目標」、「目的」、「小目標」？

【請作答】

A1

A2

【答案】

A1 最終目標：讓對方知道自己真的很抱歉。
目的：告訴別人自己遲到的理由和以後將會改進。
小目標：告訴別人三個自己遲到的理由，以及四個不再遲到的改進方法。

A2 最終目標：跟別人介紹香菇山和竹筍村哪個品牌比較好吃。
目的：告訴別人香菇山（竹筍村）比較好。
小目標：列舉三個以上香菇山（竹筍村）比較好的原因。

東大思維 Point 23

盡量將「目的」變成具體的「目標」。

3 選擇手段，讓「對方最容易聽懂」的說法：目的思考①

✓利用「選擇手段」，連結你的目的和對方的已知知識

・沒人可以了解太艱澀的東西

所以，我們透過「尋找目的」思考了「自己想表達的訊息」。這是整理對方未知知識的行為。接下來是「選擇手段」。這個思考法讓我們知道**怎樣才能連結對方已知的事物與自己的「目的」**。在介紹這個思考法之前，我要先跟大家道歉，對不起，因為我認為**「人類都很愚蠢」**。

……，好吧，你可能會覺得「這傢伙怎麼突然胡說八道了起來」，但是我覺得這的確是真理。

常常有人找我諮詢，討論為什麼別人聽不懂他們的話。很多人對於「別人怎麼都聽不

懂」這件事感到很煩惱，我也常常與有這類煩惱的人聊這個問題。

別人聽不懂自己在說什麼的原因，幾乎只有一個，那就是**「你太看得起對方了」**。

「這麼簡單應該聽得懂吧？」

「這麼簡單，不可能不知道吧？」

就像這樣，我們總是太看得起對方，其實這也是考不上東大的人共通的盲點。

東大的考題幾乎都是申論題，把自己的想法簡單明瞭地寫出來，才是拿分的關鍵。考生寫文章的時候，最常犯的錯誤就是太看得起閱卷人員。例如，二〇一二年東大的入學考試中，有一題的題目是「如果我們會讀心術，世界會變得如何？請用英語作答。」我有一個學生作答的時候寫「世界和平將會降臨，因為不會再有戰爭。」

你們覺得這個答案怎麼樣？我覺得「看不懂」。

不過他是這樣解釋的，「世界的紛爭大多起於無法預測對方的行動。就算對方嘴上說沒有敵意，我們也不能相信，也因為有些國家會說謊，所以才會發生戰爭。因此，如果可以讀心，就不會有戰爭了啊？」

・不能以為人人「都懂吧」？

雖然不是聽不懂他的意思，但如果東大考試這樣寫，絕對0分。因為有太多「應該懂吧？」的地方。

「會讀心術」→「戰爭消失」對讀者而言是聽都沒聽過、缺乏邏輯的話。他自以為閱卷人員也能了解「↓」的思考過程，所以分數很低。

如果答案換成「若會讀心術，我們就不能說謊了」，看的人會好懂許多。「會讀心」↓「不能說謊」，由於可以理解「↓」的思考過程，所以對方也會了解「哦，說得沒錯。」說白一點，如果依照「會讀心術」↓「再也不能說謊」↓「戰爭不再發生」的順序寫，還是可以理解的。

如果依照「A」↓「B」↓「C」的順序寫，人就看得懂。但是，如果只有寫「A」↓「C」，然後對別人說「請自己帶入B」，就不可能有人看得懂。

絕對要寫出「B」的部分。因為B是串聯A和C的緩衝點。**省略這個「手段」，就無**

法將事情說清楚。

我前面說過「人不能了解未知的事」，並且「如果不把已知跟未知連結起來，人們就無法理解未知的知識」。

同樣道理，人無法了解太艱澀的東西。我們做「說明」的時候，必須記住的就是這件事。說極端一點，**把包含自己在內的所有人類都當成笨蛋，說明會進行得比較順利。**

我希望你不要誤會，我的意思是**別人聽不懂你的說明，不是因為「目的」本身太難，而是「手段」太跳躍**。即使是一個很難的概念或複雜的故事，只要一一分解、慢慢講，別人就能聽懂，但是，**跳躍式的說法，別人是不可能會懂的。**

人類無法瞬間建好金字塔。我們只能每天將石塊堆疊起來，才能建起金字塔。反過來講，只要採取正確的手段，循序漸進做對的事情，金字塔總有一天會蓋好。

・「例如」是提供「B」的行為

怎麼做才能流暢地向他人做說明？

「日常洞察力」小訓練 No.18

Q 你有沒有在便當店看過超高級的便當？雖然500日圓的便當賣得最好，但是店家也準備了1000日圓的便當，可是你從來沒看過有人買過。同樣的，很多店家都會陳列一些「到底誰會買？」的商品，這是為什麼？

方法又是**日常洞察力**。

把我們常見的東西與設定好的目的做結合，就能想出令人好懂的「例子」。

例如，我們在介紹面積很大的東西時，都會用「幾個東京巨蛋」來說明吧。即使我說「一千立方公里」或「十萬公頃」，你也沒概念到底多大。因此，我們會用日常生活中常見、體積也很大的東西來「舉例」。

這個思維也是以「人類無法理解艱澀的東西」做前提。**如果不用我們常見的東西為例，就很難具體了解一件事情**。

我剛才說過，從「A」→「C」別人會聽不懂，一定要按照「A」→「B」→「C」的順序說明。以「日常生活中的事物為例」，**就是加入「B」這個緩衝點，讓別人更容易聽懂你在說什麼**。

那麼接下來，我要說明「手段選擇」，也就是教你如何想出緩衝點。

東大思維
Point 24

請記住，人們無法理解跳躍式的說明。

「日常洞察力」小訓練 No.18

A 其實「如果有高價便當」，比較便宜的便當才有機會賣得更好。因為很多人會覺得「比1000日圓便宜」所以買800日圓的便當。雖然1000日圓的便當會滯銷，但這是必要的浪費。

✓「選擇手段」的四個步驟

我們要透過下列四個步驟進行「選擇手段」。

・STEP0 設定目的：將目的轉換成具體的文字

・STEP1 目的分解：過濾出目的中的單字。可以的話，繪製成插圖

・STEP2 想例子：將STEP1過濾出來的單字和插圖貼在明顯的地方，定期想「例子」

牛頓在蘋果掉下來的時候，發現了引力。「魔鬼氈」的發明靈感源自於牛蒡花的帶刺果實（刺果）。與這些發明一樣，請培養隨時思考「有助於說明的好例子」，為了達到這個目的，必須盡可能將篩選出來的單字和插圖貼在明顯處。

・STEP3 建立例子資料庫：一想到例子，就寫在筆記或便條本中。並且，從文章看到「不錯」的例子，也要抄在筆記上

說明一個東西有多大的時候，我們都可以拿「東京巨蛋」來比喻。好的例子適用於各種場合。我在本書中也舉了很多例子，這些例子的使用場合並沒有受限。

聽到別人在說明中提到好懂的例子，也別忘了做筆記。這麼一來，你也能在自己進行說明時，好好運用這些例子。

東大思維
Point 25

依據具體的目的，時常把一些不錯的例子寫進筆記。

「選擇手段」這樣做

1

STEP0　想告訴別人「努力必有收穫」。
STEP1　「努力」、「收穫」。

STEP2 一個人只要做對的事，或許短期內看不到成果，但總有一天會有好事降臨，找出有這種涵義的例子和句子。

STEP3 「因果報應」（善有善報、惡有惡報的意思）。

「水往低處流，人往安逸走」（諺語）。

2

STEP0 想告訴別人「無論做什麼事，打好基礎都比應用重要」。

STEP1 「基礎」、「應用」

STEP2 在挑戰高難度的事情之前，鞏固基礎更重要，找出有這種涵義的例子和句子。

STEP3 「莫忘初衷」（無論你再成功，最重要的依舊是最初的心意）。

「空中閣樓」（地不平，就不能在上面堆積木）。

「日常洞察力」小訓練 No.19

Q 明治維新以後，日本人的平均體重增加了。肥胖的人也比江戶時代以前多，相撲力士的體型也越來越壯碩。這是為什麼？

挑戰「選擇手段」！

【問題】

Q1 想告訴別人「不實際去做一件事，就不能真正理解」，想一想有哪些相關的例子和句子。

Q2 想告訴別人「有困境和討論，才能激發新想法和建立良好的關係，想一想有哪些相關的例子和句子。

【請作答】

A1

A2

【答案】

A1 不要當個旁觀者或空談理想，不實際去做，就不知箇中滋味，想一想有哪些相關的例子和句子。

「日常洞察力」小訓練 No.19

A 其實在江戶時代，肉食並非一般的飲食習慣。火鍋裡面只有青菜，不會加肉。明治維新以後傳入西洋文化，日本人才開始吃肉。並且，也逐漸懂得添加糖，相撲力士吃的「相撲火鍋」也是這個時期研發出來的料理。所以說，飲食西化讓日本人的個頭也跟著變大了。

・「百聞不如一見」。
・「案件不是發生在會議室，而是發生在案發現場」（《跳躍大搜查線》電影版的主角台詞。主角在會議室中對著只會指揮的主管說。）
・「紙上談兵」。
・「戰爭是一場賭博」（以《戰爭論》聞名的克勞塞維茨（Karl Von Clausewitz）說過「無論再怎麼英勇善戰，還是有許多不確定因素！戰爭可沒那麼簡單，無法用理論就能贏！這是他說過的其中一句話。」

A2 做事一帆風順、沒有人提出討論或反對，看似完美，但其實並非如此。遇到難題，引發大家熱烈討論，才能激盪出新的想法，營造良好的關係，想一想有哪些相關的例子和句子。
・雨過天晴。
・「在逆境中盛開的花，比任何花都來得貴重和嬌豔。」（出自華特・迪士尼〈Walt Disney〉）。
・「急事緩辦」（事情越是急迫，越要放慢腳步）。

第4章

藉由反向思考，讓「平常想不到的點子」源源不絕

——東大生懂得以「多角度」思考

1 東大生懂得「聞一知十」

到目前為止，我用各種角度去討論了「東大生的特徵」、「聰明是什麼」。我介紹了記憶力、摘要能力以及解說能力等。然而，我還沒講到最能表現出東大生最大特徵的「那句話」。

在日本，這是最常用來形容「聰明」的一句話。那就是「聞一知十」。我在第4章中，想跟大家談談「聞一知十」的人的真實能力。

✓傑出的發想力，不需要卓越的頭腦

・他們並非可以從一創造出十種資訊

自古以來，日本人說一個人頭腦好，會說「他真是『**聞一知十**』」。

這種人聽到一件事，就能理解十個以上的資訊，這樣確實會令人留下聰明的印象。學

會一件事，就能同時學習其他九件事，多令人羨慕啊。

一個人如果有這種能力，那眼睛看到的、生活中學到的，以及從書中吸收到的，都是別人的十倍之多，肯定成就非凡吧。

然而，這到底是什麼能力？為什麼學會一件事，就能理解十件事？

我也曾經「誤會」這個能力。

「聞一知十就是從一個資訊想到十個資訊吧？」

「也就是說，擁有出類拔萃的思考迴路，可以從一個資訊發想出十個資訊。」

我想很多人也有這樣的誤解，然而事實上我們真的誤會了。聞一知十並不是從一個資訊創造出十個資訊的行為，而是**對一件事擁有十種「觀點」的狀態**。

・擁有複數個觀點

我們從不同的方向和立場去看每一個東西，都會變得不一樣。

有些男性不懂的事，從女性角度去思考就能豁然開朗；令長輩匪夷所思的事，年輕人卻欣然接受；老師無法理解的事，學生卻可以認同。

假設我們前面擺著一顆蘋果，很多人看到蘋果只會想到蘋果。但是，如果是擁有各種觀點的人，就會從各種角度去看蘋果，例如「話說回來，蘋果在聖經裡也叫做智慧果」、「蘋果的英文是 apple」等。也就是說，他們可以從「蘋果」這個資訊，想起其他資訊。**「聞一知十」的東大生，並不具備靈感等天生的能力，他們只是擁有十種觀點而已**。所以說，想像力、靈感等都是可以透過後天培養的能力。

並且，**我們其實也在無意識中做著同樣的事**。

例如，你有煩惱的時候，會怎麼解決？光靠自己獨自想破頭，也解決不了吧，這種時候，我們會去找朋友聊聊或看看書，尋求解決辦法。

因為以自己的「觀點」想不透的事，透過別人的「觀點」或許就能看透。「啊，原來也可以這樣想」、「哦，這麼看來，我的煩惱根本不算什麼」，只要改變觀點，就能順利解決問題。

我們其實常常在生活中實踐聞一知十的做法。

人類本來就有各種立場、多種想法。**聰明的人不會被一個想法或一種立場侷限**。

「日常洞察力」小訓練 No.20

Q QHome Center的木材區，日本產的木材通常比俄羅斯和加拿大的木材貴。同一種木材，從國外進口還要運費，但為什麼日本產的木材比較貴呢？

正因為他們可以做到如此，所以聽到「一」的時候，才能從「十」個方向、立場去思考，這就是「聞一知十」的原理。

東大思維 Point 26

「聞一知十」是指從不同立場和方向去看事情！

✓具備創意發想力的人，能從多方「著眼」

‧很多人只戴著一副眼鏡

然而，人類在無意識中排除了「各種觀點」。

我們對很多事情都帶有「偏見」，我們一旦認定某件事是「對的」，就很難讓「這是對的」的想法消失；反之，我們只要覺得某件事是「錯的」，就會咬定「這是錯的」。人類具有這樣的傾向。

心理學已經證明這樣的傾向，並稱之為**「確認偏誤」**。

「日常洞察力」小訓練 No.20

A 之所以會「比較貴」，除了考量買方的需求之外，也要考量「伐木者」所處的環境條件。其實這個問題的根本在於「樹木栽種的地方」。在俄羅斯和加拿大，遼闊的森林座位於「平地」，而日本森林都分布於「深山」。將機械導入山裡本身就是一大難事，又由於坡面使得運輸更為艱難，因此必須耗費相當大的心力和資金。日本產的木頭價格較高的原因就在這裡。

若你認為某件事是「對的」，你會傾向於接受能夠強化該「正確性」的訊息；反之，當你認為某件事是「錯的」，你就只會看到證明其「錯誤性」的訊息。

例如，你對某人留下「好人」的第一印象，那麼與這個人深入來往後，就算你看到他不好的一面，你也會覺得「他一定有苦衷」，並在無意識中拒絕聽到有關這個人不好的謠言。

反過來也一樣。若你與某人初次見面時，覺得「對他印象很差，不投緣」的話，就算之後互動再多，也很難抹去這樣的印象。

很多人看到希特勒的照片，會不禁覺得「啊，果然長得一副壞人臉」。但如果我們看他的照片之前，不知道他做過什麼事（屠殺猶太人），就不會覺得他的鬍子散發出邪惡的氛圍。

人類就是這樣，容易戴著**「自己相信的事就是對的」**的有色眼鏡看世界，並且在不知不覺中用這副有色眼鏡來思考和行動。

沒錯，就是「眼鏡」。

「日常洞察力」在本書中出現過多次，而其實大家都在不知不覺中，戴著一副「眼鏡」在生活。這副眼鏡的鏡片染了顏色，只有一種看待事物的觀點。因此聞一只能知一。

反過來講，沒有戴著**這副眼鏡或者有多副眼鏡能因應各種場合替換的人，能從多種觀點去看待同一件事**。

因為有很多副眼鏡，所以能產生各種觀點，這就是「聞一知十」的原理。

・發想力＝著眼處！

另外，我們也可以用這個角度來解釋「發想力」。

聰明的人常常被誇獎「著眼處很特別！」、「看事情的角度與一般人不同」。實際上，這些充滿創意的想法，都是從不同於一般人的著眼點萌生出來的。

很多時候，**「著眼處不同」就能激發出很多點子**。

很多人看到刺果，只會不高興地想「被沾到的話很麻煩」，但正因為有人會想到「應該可以拿來發明新東西吧」，所以才有了「魔鬼氈」。英雄片裡的反派常常令人反感，但因為有人想到「以反派為主角也滿有意思的」，所以才有「反派電影」出現。

像這樣，**同一個東西從不同方向戴不同的眼鏡去看，可以激盪出新的想法。擁有發想力的人，換句話說，就是能從很多地方「著眼」**的人，也是「日常洞察力的差異」。

> 東大思維 Point 27
>
> **擁有發想力的人＝能從很多地方「著眼」的人！**

✓聰明的人也能理解「相反的立場」

·兩面俱到，讓你獲益良多

東大生因為知道「多個著眼處」的重要性，**因此會主動用不同的角度看事情**。

「請論述你是否贊成或反對此議題？並請說明理由。」是英文作文和小論文常見的題目。很多人通常一看到這類題型，就想到選邊站，例如「以贊成（或反對）的觀點來評論」，但東大生不會這麼做。除非時間緊迫，否則**東大生幾乎都會陳述「贊成」和「反對」雙方的意見**。

我問東大生為什麼要這樣，他們的回答如下：

「因為站在兩種立場，才能獲得新的結論。」

「如果只站在單邊的立場解答，以後就無法靈活運用。」

就像我前面提到的「確認偏誤」一樣，如果選擇正方，那就只有贊成的觀點；反之，選擇反方的話，腦袋只會繞著反對的意見打轉，忽略其他想法。

因此，**陳述兩方的意見，可以鍛鍊以各種角度平衡分析「一個」資訊的能力**。實際上，東大的入學考試和課程，都很重視兩種而非單一視角的分析。

就像「贊成」和「反對」，我們將兩種對立的想法稱為「二元對立」。思考二元對立的兩種意見，除了能理解「贊成」和「反對」兩種面向之外，還有其他優點。

《イノベーションの作法》　野中郁次郎、勝見明著　日經商業人文庫

本書仔細介紹了嶄新創意的激盪法。由於可以了解新穎的觀點，所以我建議有心想要挖掘商業點子的人，可以看看這本書。

了解兩種面向，就能知道哪一部分是論點、怎麼做才能融合雙方的意見等，**清楚掌握「贊成與反對背後真正的意義」**。

・東大入學考試也會出現「二元對立」的問題

東大的入學考試，曾經出現過「請閱讀這份資料、圖表、數據，寫出你的見解」這種題目。陳述正反兩方的意見，也可以訓練考生回答這類問題。

例如，如果只以正面的態度解釋「日本的糧食自給率為三七％」，答案就只有一個。也就是「日本人吃的食物，有三七％都是國內生產的」。

但若站在反面的角度來看，則可以解釋為「日本有六三％的食物都依賴進口」。

在這裡若能從正反兩面去思考，就會出現截然不同的想法。例如「那麼相較於其他國家的自給率，三七％這個數字算高還是低？」、「詳細內容是什麼？雖說有三七％，但有哪些是日本國內生產的？」

改變立場、結合其他資訊，就能迸出不同的資訊。這才是「聞一知十」的本質。

．深入分析二元對立，就會出現各種觀點

「咦？可是『二』元對立，只有兩種立場，所以也只能聞一知二不是嗎？」或許有人會這麼想，但絕非如此。

例如，在討論死刑制度時，會出現「贊成」與「反對」兩種意見。有的人認為「死刑應該存在」，有的人認為「應該廢死」，看起來很像是純粹的二元對立。

可是，**贊成的人當中，也有各種立場**。有些人認為「站在經濟的觀點來講，死刑應該存在」，有些人則認為「從受害者家屬的感受和倫理觀點來看，死刑應該存在」。

相反地，也有人說「從經濟角度切入，死刑反而不利不是嗎」，也有人認為「以倫理觀點來看，考量執行死刑的行刑人員的感受，應該廢死才對」。

除了「贊成」、「反對」的二元對立之外，也出現了「經濟」、「倫理」等對立軸。如此一來就形成了四種立場對吧？

就像這樣，世界上存在著各種對立軸，**無法單純「一分為二」**。

結合「（政治）左派？右派？」和「贊成？反對？」就會產生四種立場。而若再以「左右派？還是中立？」、「贊成反對？或是有條件贊成？有條件反對？」則會形成十二

種立場。

以這樣的方式**深入探討二元對立，就能理解「兩種」以上的各種立場**。

讓我為你整理如下：

- 從各種角度思考「二」，就能聞一知十。
- 改變著眼處，就能鍛鍊發想力。
- 以「二元對立」思考，對事情就能有更深入的了解。

所以，為了培養「發想力」，我接下來要介紹的是**「反向思考」**。

東大思維 Point 28

從「贊成／反對」、「經濟／倫理」等各種對立的立場去思考事情。

《查拉圖斯特拉如是說》 尼采著 大家出版

尼采的每一本作品都顛覆了我的常識，使我認識各種思考方式。現在介紹的這一本，更是能讓我們了解不帶偏見的重要性。

2 透過反面獲得「新觀點」：反向思考①

✓聰明的人反而會去思考「反對的意見」

・任何事物都有反面！

看到「反向思考」，不禁令人覺得有點可怕。不是正面而是反面，總使人感覺有點黑暗。然而，我認為腦袋瓜聰明的人，都很擅長思考「反面」。

那具體來講，什麼是反面？只要換個角度，就能看到這一面。實際上，很多人都忽視了這一面。

任何事物都有「反面」。例如，東大的錄取率約三成，表示三人當中「只有」一人錄取。然而，反過也代表三人當中「就有」一人錄取。對有些人來講是負面資訊，對其他人來講卻是正面的資訊。

另外，很多人在面臨「將來要做什麼」、「明天要穿什麼衣服」等選擇的狀況時，都會感到相當煩惱。

人之所以會煩惱，是因為「選擇」就等於「不選」。意思是，「選擇穿紅色」就等於「不穿藍色」，人類因為想著沒被自己選中的東西而不開心。任何事都存在著反面。**若能看清楚反面，就可以鍛鍊聞一知十的能力，激發出嶄新的創意。**

・東大試題「找碴」

那麼，要怎麼做才能看到「反面」？

答案就在東大的入學考試題目裡。我做了五十年分的東大試題，其中最令我驚訝的莫過於這一題。

下列文章是幾年前東京大學入學考試中，日本史一科的部分考題，以及考生寫的答案之一。當年很多考生都寫了一樣的答案，但他們的分數都很低。

> 請思考為什麼他們會得到低分（不用寫理由），並且針對同一題目在五行以內寫出新答案。（一九八三年第一問）

「日常洞察力」小訓練 No.21

Q 我發現去北海道玩的時候，常常看到台灣的觀光客。請從各種角度思考為什麼北海道這麼受台灣人歡迎？

這題的宗旨是**「從多年前的答案中揪出錯誤」**。

真是完全打破常規的題型。有的重考生看到題目，可能還會想「哇！我以前就寫過這樣的答案！」這題也經常被東大生拿來討論，他們會說「居然會出這種題目」、「怎麼會這樣出題啊？」

・「否定」眼前所見

不過，其實**這是鍛鍊發想力的重要方式**。

我前面說過「同時思考贊成意見和反對意見，有助於聞一知十。」具體的方式就呈現在這個題目中。意思是，要鍛鍊發想力，**就不要認為眼前所見是「正確的」，而是當成「錯的」，從反面去思考**。

人類傾向於肯定眼前的事物。例如，我們聽到別人的意見時，幾乎沒人會說「我反對！」多數人都會肯定地說「哦，聽起來還不錯？」因為否定比肯定更累。

不過，我們反而要刻意去「否定」。請試著否定你肯定的事情，這麼做就能了解反面的立場。

我說我們眼前所見，不外乎是第1章所說的「結果」、第2章所說的「下游」，以及

「日常洞察力」小訓練 No.21

A 從「氣候面」來看，台灣不會下雪，所以去北海道可以賞雪。從「經濟面」來看，許多廉航都有飛往北海道的班次，因此機票便宜。從「台灣人的角度」來看，由於台灣的路大多很窄，所以在北海道一邊開車兜風，一邊欣賞遼闊的大自然景色，是一大樂趣。

第3章所談的「手段」。而我在第4章想講的是**呈現在我們眼前的一切都只是「表象」資訊**。

聽到別人的話，就會覺得「好像是對的」、看到別人的贊成意見，就會認為「挺不錯」，並且因為「確認偏誤」而不會有所懷疑。

請試想**「等等喔，真的是這樣嗎」、「有什麼地方錯了吧」，這就是反向思考，也就是另眼看世界。**

東大思維
Point 29

否定你所肯定的、肯定你所否定的，養成這樣的習慣就能培養反向思考的能力！

✓「尋找多面向」的五個步驟

・看得到反面的人都能成功

世界上很多創意，都是由能看到「反面」的人想出來的。

《「文系バカ」が、日本をダメにする》　高橋洋一 著 WAC BUNKO

主張「文組不懂『反面思考』」，帶有警示意味的一本書。作者用嚴厲的口吻告訴讀者，如果不懂得用理組的思維去掌握事情的「反面」，馬上就會被騙得很慘。也請你帶著質疑的眼光，閱讀這本書。

愛迪生和麥可・法拉第（Michael Faraday）等，都是沒接受學校正式教育，卻想出各種發明和創意的偉人。他們為什麼可以成就這樣的偉業？

因為他們**沒有接受正式教育，所以不會有先入為主的觀念**。這就是他們的發想力泉源。無知的第三者提出精闢的見解和令人眼睛為之一亮的想法，這在古今中外都很常見。

為什麼？因為**跟白紙一樣的人，不會被「表象」束縛，所以能看到「反面」**。他們不會被先入為主的觀念、偏見及確認偏誤等有色眼鏡蒙蔽，所以能夠站在各種角度仔細思考。

所以，他們可以很單純地想「咦，這不是很浪費嗎」、「雖然我不懂這個理論，但這樣不是比較好嗎」，在他們質疑的時候，往往就能有新的發現和想法。

這就是**「反面搜索」**。

那麼讓我來具體說明「反面搜索」的方法。

・STEP0　日常資源

從每天的新聞、書籍或文章中挑選內容。

・STEP1　選擇肯定・否定：你對於這件事採取肯定還是否定的態度？如果選不出來，以「整體來講」的方式思考你可以接受的一方

從整體來思考你是贊成或反對。先決定好你的立場，就能看到反面的資訊。務必要選出一方。

・STEP2　表面探查：如果你站在正方，那就列出贊成的理由，如果是反方，就列出反對的理由

請列出幾個你贊成或反對的理由。列舉越多，接下來的步驟就會越順利。

・STEP3　反面探查：列出立場與你相反的一方的支持理由。

站在你沒選的那一方的立場，列出支持那一方的理由。列舉的時候，從「反方說法」去思考STEP2所列出的理由，會比較上手。

「反方說法」例子

・高達三〇％↓只有三〇％

・太認真的人↓沒喜感的人
・個性大剌剌↓頭腦簡單的人

・STEP4　找出其他對立軸和觀點：從「贊成」、「反對」以外的對立軸和切入點去思考

除了贊成、反對之外，也從其他的對立軸、觀點（經濟、法律、道德、倫理、歷史等）以及第三條路（中庸、有條件贊成或反對等）去思考。

並且，STEP4的「其他對立軸・觀點」也會出現在接下來的「激發新觀點」中，因此別忘了閱讀下一章節。

「反面探查」這樣做

1

STEP0　思考「有些柏青哥店在新冠病毒疫情中繼續營業，不顧政府實施外

《ガチ文系のための「読む数学」》　齋藤孝著　祥傳社

統計學對於反向思考是不可或缺的知識。理解統計學，看待事物的「觀點」就會暴增。我很推薦把這本書當作統計學的入門書。

出自肅政策、呼籲民眾減少不必要外出，是否應該公開這些柏青哥店？」

STEP1 選擇「肯定」

STEP2【肯定的理由】

・柏青哥店是密閉、密集、密切接觸的空間，因此很可能引發群聚感染。

・基於緊急事態宣言的特別措施法，公開符合法律規定。

STEP3【否定的理由】

・一旦公開，大家就會知道哪裡有開，反而可能導致感染人數擴增。

・雖然符合法律規定，但並不是做什麼都可以，不但會影響有些民眾的生活，也有倫理上的爭議。

STEP4 感染者擴大路徑的觀點／倫理觀點及法律觀點的對立／是否有其他方法的觀點。

「日常洞察力」小訓練 No.22

Q 日本超市賣的南瓜，雖然大多產自北海道，但其實也很有多是從澳洲進口。為什麼日本從澳洲進口那麼多南瓜？

挑戰「反面探查」！

【問題】

自二〇二〇年起，英文變成小學五年級的必修科目。請針對這個政策，從贊成或反對，或其他對立軸的觀點來評論。

【請作答】

・贊成

・反對

【答案】

・贊成

「日常洞察力」小訓練 No.22

A 從日本人的角度去思考這一點就很容易懂。日本人一年四季都會吃南瓜對吧？不過，南瓜也有特定的產季。南瓜的產季在7～12月，不過有人在1～6月之間也會想吃南瓜吧？這時就輪到澳洲出場了。澳洲位於南半球，季節與日本相反，因此在日本沒有栽種南瓜的時期，就會從澳洲進口。

在日益全球化的現代社會，及早學習英文是當務之急。
如果能盡早學英文，就能盡早學會，成為未來所需的人才。
・反對
不先打好中文基礎，英文也會學很慢。
這樣一來學生的學習時間就會拉長，壓縮課外活動的時間。
・其他對立軸
五年級就開始學英文真的恰當嗎？六年級開始不好嗎？或許從三年級開始更適合？什麼時候開始最好？
學英文有比較好嗎？世界上最多人說的語言是中文，學中文比較重要吧？

東大思維
Point 30

先決定「你的立場」，再思考反對意見。

3 透過激發新觀點，培養「看待事物的多元角度」：反向思考②

✓利用「探求新觀點」，讓想法更有深度

・有意識地思考相反的觀點

所以，「反面探查」這種思考法，讓站在正方立場的你思考反方意見、反方立場思考正方意見，轉換自己「看待世界的方式」。並且，**除了「正反」之外，世界上還存在著很多「表面」和「反面」**。

例如，世界上有樂觀的人，也有悲觀的人。

英文用「glass half full」形容樂觀、「glass half empty」形容悲觀。這個說法是源自於一個心理學實驗。

在玻璃杯中倒入半杯水。讓受試者看這杯水，問他們「你覺得『還有半杯水』？還是

「只剩半杯水』？」回答「還有半杯水」的人通常較樂觀，回答「只剩半杯水」的人通常較悲觀。

有些人看半杯水是「滿的（full）」，有些人看半杯水卻是「空的（empty）」。

相同道理，**我們的思考也在不知不覺中偏向樂觀或悲觀等某一面**。不過，**最重要的是能夠理解兩方的立場**。

想像滿的玻璃杯是空的、空的玻璃杯是滿的，就會察覺「啊，原來自己太悲觀」或「原來自己很樂觀」。

這麼一來，就能學會用各種立場思考事情。

・三千年以上的「思考訓練」

「贊成」、「反對」和「樂觀」、「悲觀」，像這樣分成兩種立場論述，是不是覺得這個方式很熟悉？

沒錯，就是辯論。分成兩隊，討論哪一方是正確的，這是自古代以來就傳承三千年以上的行為。不過，為什麼辯論可以延續這麼久？這是因為辯論並不是為了透過贊成反對，把事情變得黑白分明。說實話，**贊成也好反對也罷，樂觀悲觀都隨便**。

最重要的是，贊成的人聽到反方的意見可以理解「原來也有這種事」，反對的人聽到贊成的意見，也會認為「這樣講也有道理」。像這樣**深入思考才是辯論的本質**。

接下來要介紹的**「激發新觀點」，是在自己的腦海中進行「辯論」的思考法**。不要被「肯定、否定」的立場侷限，在內心以各種想法與自己對話。

東大思維
Point 31

從兩面思考事情的訓練，是傳承超過三千年的「思考訓練」。

✓和自己辯論，「激發新觀點」

・東大生喜歡討論

我說過「不要以為自己所見是正確的，應思考否定要素的重要性」，而辯論和討論有助於我們深入探討各種觀點。

證據就是**東大生都很愛辯論**。

東大生一起討論事情的時候，一定都會互相辯論。對於別人的意見，絕對有人會反對地說「這樣做不是比較好嗎？」你或許會覺得「咦，那東大生應該感情很差吧？」但沒有這種事。不僅如此，**辯論可以讓我們獲得更棒的點子和較深入的想法**。缺乏辯論太無趣了。所以有的人會故意視情況說「既然大家都贊成，那我就來說說反對意見。」藉此改變自己的立場，引發大家討論。

・有辯論才能激發好點子

比起全員意見一致，多種意見才能激盪出好點子。在任何方面都是如此。

例如，有一個實驗是這樣的，實驗召募了十名受試者，讓他們接受心理測驗後再進行生存遊戲。

進行前，會根據心理測驗的結果，將「同類型的人」分配在A組、將「不同類型的人」分配在B組。各組用三十分鐘討論作戰策略後，再開始實際進行遊戲，看看哪一組會獲勝。首先，在三十分鐘的會議中，A組和B組就出現了很大的差異。A組的人在會議上都口徑一致地說「這個方法不錯！就這樣做！」十分鐘就討論完。相較於此，B組遲遲討論不出結果，每個人都覺得「不行，那樣做比較好」，直到時間快到了才結束討論。

至於輸贏，則瞬間就分出勝負。**B組立刻獲勝**。

乍看之下，B組好像因為吵到最後一刻，所以似乎想不出有效的策略。A組則感覺討論得很順利。然而，A組完全沒有爭辯，由於他們的想法不夠深入，因此輸了比賽。

我們的大腦也是這樣。**如果你只有一種看待事情的角度，那絞盡腦汁都想不出好點子。站在各種立場思考，才能磨練發想力。**

東大思維
Point 32

多一點「看待事物的角度」，就能獲得好點子！

《1%的努力，贏過99%的人》 西村博之 著 大是文化

作者告訴我們從與其他人不同的角度看事情有多麼重要。其中，這本書以跳脫常識的觀點來描述事物，對讀者的學習相當有幫助。如果你想獲得多元化的觀點，我非常推薦你看這本書。

觀點」。

✓「探求新觀點」的四個步驟

「探求新觀點」是讓你擁有多元觀點的方法。我們可以依照下列四個步驟來「探求新觀點」。

．STEP 0 選一個你想從各種觀點思考的事情

你可以選前面「贊成．反對」中討論的內容，也可以挑其他事情。例如你正在學的東西或者你想站在未來人生的角度去想出結論的事情。

．STEP 1 觀點調查：調查你選出來的這件事，思考有哪些立場存在

肯定／否定、樂觀／悲觀、急進／穩健／中庸……思索關於這件事的立場和意見。以戰略來講，假設你的目的是「贏」，那「速戰速決」和「穩紮穩打」有差吧？就像這樣，從不同的角度去思考同一件事。也可以運用前面「反面搜索」提到的「其他對立軸和其他角度」。

・STEP 2 觀點選擇：列舉出各立場的三種意見。

若意見很多，也請精選出三個。也請一起進行第2章的「編寫摘要」。

・STEP 3 導出結論：想一想哪個觀點最適合自己

請思考哪個觀點最適合自己。不用從客觀去思考，用主觀判斷即可。

「探求新觀點」這樣做

1 應該及早從小學五年級開始學英文嗎？

・肯定／否定（早一點學比較好／不要太早比較好）。

・急進／穩健（應該盡早實施這個政策／應該慢慢來，做好萬全準備）。

・指導者立場／學生立場（由於英文師資不足，所以不適合開始／會造成學生負擔，所以不適當）。

・教育學／社會學（從教育學的觀點來講，學英文之前，必須先將中文的基礎打

《正義》：一場思辨之旅	邁可・桑德爾（Michael J. Sandel）著 先覺出版
這本書讓我們深切體會到「世界存在那麼多種對立軸」，非常推薦大家閱讀。由於作者提供了各種觀點去思考道德問題，因此可以拓展讀者的視野，使人了解「原來也有人這麼想」。	

好／從社會學的觀點來講，在重視英文的國際社會中，學好英文才能進行有影響力的公開演說）。

↓我比較能理解教育學觀點的「學英文之前，必須先將中文的基礎打好」，如果這個說法為真，那這麼早學英文也是浪費時間，最好不要實施比較好。

2 新冠病毒疫情日趨嚴重，全國各級學校是否應該停課？

・贊成／反對（有必要停課／沒必要停課）。

・樂觀派／悲觀派（不用全國停課，可以依地區停課／由於人命關天，因此做過頭也無妨）。

・折衷派（不必完全停課，即將考試的小六、國三及高三學生可以繼續上課）。

↓我比較能理解，由於人命關天，因此做過頭也無妨的觀點。人命確實最重要。

「日常洞察力」小訓練 No.23

Q 你們常常用衛生紙嗎？衛生紙通常有兩層對吧。你知道這是為什麼嗎？

挑戰「探求新觀點」！

【問題】

Q1 有關「從今年起屋內全面禁菸的法案」，你認為可以從哪些立場去思考？
Q2 有關「憲法修正」，你認為可以從哪些立場去思考？

【請作答】

A1
A2

【回答】

A1
・贊成／反對（實施比較好／不實施比較好）。
・急進／穩健（應該盡早實施／由於不知道會導致什麼社會問題，所以應該階段性實施）。

「日常洞察力」小訓練 No.23

A 這是為使用者著想的結果，大致可分為兩個理由。第一是強度的問題。比起厚厚的一張，兩張薄衛生紙層疊，不僅能讓強度變強，觸感也更柔軟。另一個理由是，兩張紙層疊後，中間會有跑入空氣，這個空間有助於水分吸收。我們平常用的衛生紙，為了增加舒適度，竟然藏著這麼大的學問。

・部分贊成／部分反對（的確需要比現在更嚴格的規範／用勸導禁菸取代禁止比較適當）。

A2

・贊成／反對（修憲比較好／不修憲比較好）。
・急進／穩健（必須立刻修憲／必須審慎以對）。
・部分贊成／部分反對（話說回來，修改的條文不同，論點也會不同。是修改第九條？還是增加臨時緊急事態的項目）。

東大思維 Point 33

在自己的腦中辯論，「爭辯」一番！

第5章

透過本質思考，「各種問題迎刃而解」

——東大生兼具「微觀」與「宏觀」視野

1 東大生「解決問題的能力」沒話說

終於到了最後一章。本書到目前為止，介紹了「東大生」的各種特徵。最後要講的就是「解決問題的能力」，我認為「能夠好好解決問題的人」頭腦都很好。東大生如果在考試時無法解題，就考不上東大。而且，在現實社會中，大多數東大生能夠解決各種問題和難題。

為什麼他們有能力解決問題？我要在這章解開謎底。

✓想解決問題，「發現伏筆的能力」非常重要

・到底是什麼優勢讓他們能解決問題？

各位，請想像一下懸疑小說和推理劇。在懸疑小說和推理劇當中，通常會有偵探角色

解決問題的情節對吧。不過，為什麼裡面的偵探可以解決難題？

例如，假設懸疑小說裡的主角說「這裡有一把斧頭裝飾！究竟是為什麼？」這句台詞絕對是伏筆吧？這把斧頭或許是某起事件的導火線，也可能是抓到犯人的證據。也可能是這把斧頭被偷了。雖然沒講清楚，但煞有其事的提到這把斧頭，絕對有意義。不會有任何小說，到最後都沒出現這把斧頭吧？

劇裡的偵探，總是會注意到這些不起眼的地方。到了最後，他們會想起「對了！那把斧頭是整起事件的關鍵！」並順利解開謎團。

他們身邊的人都沒注意到那把斧頭，只有偵探留意到並且解開謎底……這是懸疑小說的經典劇情。他們一眼就能抓出「看似與事件無關的伏筆」，這就是偵探可以找出真相的最大要因之一。

・隱藏在東大入學考試題目中的祕密

東大入學考試的題目也可以看到這樣的情形。

例如，不久前東大入學考的地理科當中，出現了以下題目。即使缺乏地理知識，也可以回答出來，你們覺得哪一個地方是這一題的「解題關鍵」？

如果你是考生，你會在哪個地方畫線？

> 從成田機場搭機飛往北京和上海的旅客過去十來逐年增加。請在六十字以內陳述理由。
>
> 〈摘要自二〇〇五年東大地理第三問A題；修改部分內文〉

你知道題目的重點在哪裡嗎？「成田機場」？「北京和上海」？也有可能是「六十字」對吧？

雖然這些敘述也很重要，但東大生看這一題的時候，只會在一個地方畫線。那就是**「過去十年來」**。從二〇〇五年往前推算「十年」，大概是一九九〇年代中期。

和懸疑小說一樣，出題的人不會寫廢話，與前面的斧頭一樣，**既然題目出現「過去十年」，就絕對有意義**。不是過去五年也不是過去二十年，之所以是「過去十年」，一定是因為十年前發生過什麼事。因此，解答時，我們可以想一想「十年前中國和日本之間發生過什麼事」？

基於這樣的思考再回去看一次題目，題目說的是「搭機旅客」。這就表示去中國的人變多了。因此，過去十年在中國一定有事情發生，使得去中國的旅客增加了。

這樣一來，你就可以想到各種事件，例如，「對！中國十年前開始推動改革開放政策！」、「二〇〇一年中國正式成為WTO（世界貿易組織）成員！」「由於改革開放和加入WTO，所以中國的觀光人數才會成長」、「商務旅客一定也增加了」，你便能寫出這些答案。

無論是偵探或東大考生，擅於解決問題的人具備相同的特徵。

總之，**他們可以從不起眼的事物當中找到「伏筆」，他們從小處著眼，能運用這些細節來解決問題**，所以他們是問題解決者。

這也是本書從第1章講到第4章的「日常洞察力」差異。

東大思維
Point 34

東大生擅於從不起眼的事物當中找出「伏筆」！

✓「微觀角度」與「宏觀角度」

・「微觀角度」和「宏觀角度」是問題解決的關鍵

找出「伏筆」、解決問題的能力，換句話說，就是同時擁有**「微觀角度」和「宏觀角度」**。**「微觀角度」**是指從小處著眼。而**「宏觀角度」**則指以寬廣的視野綜覽整體。看報紙的時候，可以用放大鏡放大局部，也可以將整張報紙打開，全部瀏覽一遍。**聰明的人可以自由放大局部或綜觀整體。**

正因為他們具備微觀和宏觀視點，所以任何問題都難不倒他們。

・觀察入微的「微觀角度」

讓我再更詳細地依序說明。

首先，**「微觀」是指檢視「局部」的視野**。跳過整體事件，觀察現場的斧頭、案發現場所有人的言行舉止等。不去看整個題目，而是把重點放在不起眼的數字或地名上。

日本有一億以上的人口，這一億人當中，有各式各樣的人，每個人都過著獨自的生活。這看似不起眼、不重要的一個人，就是「微觀」。

例如，剛才說過的「伏筆」，不過是事件和問題中的一部分。

「老是在意細節是我的壞習慣」這是電視劇《相棒》中杉下警部的口頭禪，而「伏筆」其實就是他所說的那些「細節」。**從整體看不出所以然，從細節才能找出蛛絲馬跡，這就是「微觀」**。

然而，只關注細節也無法解決問題。前面提到的斧頭，斧頭本身也沒有意義吧，杉下警部如果只看細節，是無法查明真相的。**找出細節在整起事件中的重要意義，才算是找到解決問題的關鍵**。

最重要的是，將細節串聯問題整體。

例如，以前面的東大入學考題目來講，將「過去十年」與問題整體連結後，就會想到「加入WTO」、「改革開放」等解答的關鍵字。連結微觀與宏觀，才能解決問題。

・站在巨大的洪流中觀察事物的「宏觀觀點」

接下來的**「宏觀」是指綜觀「全貌」的視點**，不是局部，而是俯瞰整體的視角。

以事件來講，就是掌握整起事件概要，**不是短期而是長期、不看眼前而是以長遠的眼光看待事物，這就是宏觀的視角**。

也有很多人認為**「聰明的人＝能夠俯視事物的人」**。我們看到能以寬廣視野談論長期展望的人，會認為他們腦袋很好，很有社長和領袖的架式。

在西洋棋和將棋等棋類遊戲中，「能顧全大局」的人都是一等一的高手。高手就算棋子暫時被吃了，也可以心想「沒關係。等一下反將一軍，最重要的是現在。」以長遠的目光繼續作戰，最後也能致勝。我們可以說**有大局觀的人腦袋都很好**。

然而，雖然俯視全貌非常重要，但光是這樣不足以解決問題。

如果只將視角放寬放遠，眼前的事物就會變模糊。在將棋中也是如此，如果一直想接下來十幾步要怎麼走，很可能下一步馬上就慘敗了。

大局觀在「微觀角度」的支撐下，才具有意義。

‧聰明的人同時具備「微觀角度」和「宏觀角度」

這在日常生活中也一樣。例如，完全沒親臨過工作現場，只會想著十年後的展望，卻不理解現況，又拼命下指導棋的領導者，一點領袖魅力都沒有。成績優秀、認真學醫的醫學院學生，如果不曾在臨床上面對病患，就無法取信於患者。

在職場上也一樣，綜觀全貌的管理階級和每天認真工作的基層人員，時常意見分歧。只看概要和整體，就會忘了細節；但只看細節就會見樹不見林。**必須同時擁有這兩種觀點**。

東大思維
Point 35

同時具備「微觀角度」和「宏觀角度」太重要了！

✓聰明的人能自由轉換「微觀角度」和「宏觀角度」

・「能自由運用微觀與宏觀角度的人」才是東大生

你已經知道擁有宏觀角度和微觀角度的重要性了吧？

我在這裡想強調的是，**「靈活運用宏觀與微觀視點」是東大生的特質**。不會偏重某一方，在宏觀和微觀之間來去自如的人，就能解決問題。

以前面的偵探例子來講，把從微觀角度發現的「斧頭」，透過宏觀角度與整個事件連結，找到了查明真相的關鍵。

以東大入學考試題來講，不僅用微觀角度找出「過去十年」這個重點，並站在宏觀的角度俯視題目，開始思考「搭乘飛機的旅客變多，是因為去中國的人變多了，那過去十年中國有哪些變化？」找出關鍵字。

最重要的就是**「微觀」和「宏觀」視野運用自如**。

・四種思考法都同時使用了「宏觀」和「微觀」

《第三道門》：比爾蓋茲、女神卡卡、賴瑞金、提摩西費里斯、珍古德等大咖的非典型成功，給拒當乖乖牌、不是富二代的你勇敢逐夢　艾力克斯・班納楊（Alex Banayan）著　三采出版

這本書從本質去探討成功人士的成功方法。並且，作者把這些方法變成能應用在日常生活中的方法，因此我們也可以用在生活上。讀完本書之後，我特別推薦你可以看看這本。

其實，本書到目前為止介紹的四種思考法，都是為了讓我們自由運用「微觀」與「宏觀」視角的思考法。**原因思考、上游思考、目的思考及反向思考，都是靈活使用微觀和宏觀角度的手段。**

原因思考從「結果」去思考「原因」。這個思考法把所有事物都當作結果，探究引發結果的原因。

這是從**結果這個宏觀的角度，去找出原因這個微觀線索的行為**。就像由於有事件是這個結果，然後去揪出造成這個結果的原因，也就是犯人。

所以說，**原因思考是從「宏觀」→「微觀」的思考法。**

上游思考是從「下游」至「上游」的思考法。這個思考法將一切事物都當作下游，思考下游上方的上游，也就是來龍去脈。

這是**從眼前的微觀事物，了解事情發展全貌，也就是宏觀的行為**。犯人的犯行是下游的微觀事件，從宏觀的角度去調查犯案動機、始末、背景。

也就是說，**上游思考是從「微觀」→「宏觀」**的思考法。

目的思考是從「目的」導出「手段」的思考法。這個思考法將所有事情都當作手段，思考怎麼做才能達成目的。

這是**從目的這個宏觀的角度，去逆推手段這個微觀事物的行為**。假設目的是查明謀殺事件，那就找出犯罪手法。

也就是說，**目的思考是從「宏觀」→「微觀」的思考法**。

反面思考是從「表面」思考「反面」的方法。這個思考法把一切事物都當作表面，進而思考反面。

這是**站在宏觀角度思考表象微觀事物的行為**。從各種立場思考斧頭、過去十年這些瑣碎的微觀事物，找出解決問題的關鍵點。

也就是說，**反向思考是從「微觀」→「宏觀」的思考法**。

· 提高日常的洞察力，就以更微觀、更宏觀的角度看待事物

而本書一再提到的「**提高日常洞察力**」，**無非也是擅用宏觀和微觀的思考法**。

「日常洞察力」小訓練 No.24

Q 為什麼「超商」明明是零售店，還要提供ATM、影印、售票、洗衣及宅配等多種服務？

在日常生活中，我們會遇到宏觀的事物和微觀的事物。我們聽到新聞報導「日本經濟衰退」，也會聽到「附近的超市倒閉」的八卦。

頭腦好的人，**無論看到什麼聽到什麼，都會從宏觀和微觀的角度去思考**。

他們會想「日本經濟衰退，所以附近的超市才會倒閉」，也會想到「附近超市倒閉，或許是因為日本經濟衰退」。

我們可以運用各種方式來靈活運用宏觀和微觀。

思考原因，也就是「日本經濟衰退一定有理由！」

找出上游，也就是「造成附近超市倒閉的背景是什麼？」

思考目的與手段，也就是「在日本經濟衰退之際，能做些什麼？」

思考反面，也就是「針對附近超市倒閉，可以從哪些角度去思考？」

我們可以從「附近超市倒閉」這一個事實，延伸出許多想法。

不過，世界上很多人都不去思考，只會想「是喔，倒了喔。」

努力學習如何運用宏觀和微觀思考的人，才能成為東大生。反過來講，聰明和不聰明之間，就只有這點差別而已。

「日常洞察力」小訓練 No.24

A 話說回來，「超商」是「便利商店」的簡稱。「便利」即「方便」的意思。也就是說，超商是「販售便利的商店」。所以，超商很用心發展各種「便民服務」。超商本來就不把自己定位為「零售店」，而是致力於「便利」這方面。

平時就訓練自己站在宏觀和微觀的角度思考，就了解原因記住結果、掌握上游資訊並摘要下游資訊、目的明確且採取簡明的手段、深入反面資訊，從各種角度解讀表面資訊。

這就是本書前面所有內容的宗旨。

內容整理如下。

- 任何事情，都可以從小處著眼，也就是微觀角度，以及俯視全貌的宏觀角度去思考。
- 同時具備微觀角度和宏觀角度的人是東大生。
- 靈活運用微觀和宏觀角度，問題就能迎刃而解。

像這樣透過靈活運用微觀和宏觀角度的思考，也就是**「本質思考」**，有助於解決問題。接下來要介紹的是本書最後的思考法「本質思考」。

東大思維 Point 36

靈活運用「微觀」和「宏觀」兩種立場，能培養問題解決的能力！

2 透過尋求本質，過濾出「最重要的事」：本質思考①

✓能看透本質的人，才是真正的東大生

「本質思考」，是本書的核心題目。因為**無論從哪個角度去看，「東大生」都是這個能力很好的人。**

我前面提到，「能靈活運用宏觀和微觀角度的人是東大生」。

為什麼具備宏觀和微觀角度的人就是聰明？

因為他們可以看透本質。能看透本質的人，才是真正的東大生。

・什麼是「本質」？

有一部電影叫做《沉默的羔羊》。電影中，知名精神科醫師及殺人魔漢尼拔・萊克特（Hannibal Lecter）給男主角這樣的建議：「掌握本質」。

主角因為這句話發現了事實的真相，終於知道犯人是誰。

我認為這句話代表了極其重要的思考方式。掌握事物的本質相當重要。**抓住本質，就能輕鬆記住事情、正確摘要、淺白說明、激發各種創意並且解決問題。**

那麼，本質到底是什麼？

雖然很難用三言兩語解釋完，但**「只要了解本質，其他就簡單多了」**。看透本質，就能輕鬆記憶；陳述本質，摘要和說明都會變得淺白易懂；理解本質，就能聞一知十。本質就是指**事物的核心**。

也就是說，**「本質」即原因、上游、目的、反面**。本書介紹的所有思考，都是掌握本質的思考法。

例如，拿前面的東大入學考題目來講，如果你知道「中國開始推動改革開放」，解答就容易多了。因為這一題的「本質」就在這裡。

這是日本人到中國觀光的「原因」、「背景」，也是越來越多日本企業到中國做生意的「原因」、「背景」。這些原因不只增加了觀光客，也促成了其他「背後」的事情。

所以，只要理解本質，就能輕鬆記憶、做摘要、說明、激發想法以及解決問題。

《一九八四年》	喬治・歐威爾（George Orwell）著　遠流出版
這是一本論述本質的小說。戰後隨即出版的這本小說，預測了「1984年世界會變成什麼樣子」，其中部分預測隨著時代變得愈來愈真實，現代社會到底是什麼樣的社會——這本書相當引人深思。	

本質就是「你只要理解這一點，事事就能水到渠成」。擅於掌握本質的人都很聰穎，而本書介紹的所有方法，都在教讀者如何捕捉本質。

・東大生數學強、打麻將也強的理由

所有事物都有「本質」。任何事都存在著，只要掌握這一點就打通任督二脈的部分。

我在第1章中舉「數學」為說明例子。數學明明就有很多要背的公式和東西，聰明的人卻說「沒有這麼多東西要背吧」，不用死記硬背也能考高分。他們就是因為抓到了數學的「本質」，才能做到這樣。

例如，國中的數學會學到「代數」，我們花三年的時間在學「方程式」、「函數」這類東西。數學不好的我曾經覺得「代數有二次函數和一次方程式，那麼多東西要背，實在好累」。現在回想起來，**其實學「代數」時，無論是方程式或函數，本質都是一樣的**。

話說回來，「代數」就是「代替數字」的略字。用文字「取代」具體的「數字」。讓字串成立需要固定的答案，這就是「方程式」。以圖呈現字串的話，即為「函數」。就是

這麼簡單。

我以前總是自己先投降，認為「天啊，怎麼又出現新的概念！太難了！」

「所以，代數是什麼？」

只要掌握本質，基於代數的定義理解方程式和函數，就會覺得很簡單。

這不只能運用在學習上。例如，你們有打過麻將嗎？我常常和朋友打麻將，而很會打麻將的東大生，都說過同一句話。

「麻將不是想辦法讓自己胡牌的遊戲，而是如何打亂對方的牌」。

我一開始不懂箇中意義，但隨著麻將技巧越來越精進，我終於了解了這句話的意思。

打麻將的時候，如果湊滿自己的牌，就可以得分，通常玩家想贏的話，就會想湊滿自己的牌。如果一心只想著自己的牌，就會被其他玩家占上風或者丟出對方想要的牌。

所以，真正的強者看到其他人牌好像不錯的時候，就算得分低，也會繼續專心湊自己的牌，並反過來給對方壓力，不讓對方一直打安全牌。

總之，**別一心想贏而是想辦法不讓對方胡牌，才能變厲害**。東大生已經說出麻將這個遊戲的本質。基於這樣的理解去打麻將、觀察強者怎麼打、看麻將攻略書籍，就能理解麻將的本質確實如此。

任何事都存在著本質，了解本質就能加速學習。

・本質存在於微觀和宏觀之間

而想要掌握本質，就必須做到前面提過的「靈活運用宏觀和微觀角度」。

例如，就「為什麼過去十年，搭乘飛機前往上海、北京的旅客增加了？」的問題，結合微觀角度「過去十年」和宏觀角度「前往中國的旅客變多了」，就能想到本質原因在於「推動改革開放政策」。

以麻將來講，結合微觀立場，也就是觀看強者打麻將並一一學習麻將技巧，和宏觀立場麻將規則，就能理解麻將的本質是「如何打亂對方的牌」。

本質永遠存在於微觀和宏觀之間。提升日常的洞察力，有助於我們從微觀和宏觀之中抓到「本質」。

《與成功有約》：高效能人士的七個習慣　喬史蒂芬・柯維（Stephen R. Covey）著　天下文化

這本書提供了邁向成功的「7個本質方法」。「成功法則」往往容易流於膚淺的技巧，然而其實只要掌握本質和從另一個角度去思考，人生就會變得更美好。這樣的思維和本書理念不謀而合。

以微觀和宏觀角度觀察事物，就能發現本質。這是東大生都在做的事。

東大思維
Point 37

任何事物都有本質，本質存在於微觀和宏觀之間。

✓「尋求本質」的三個步驟

接下來我要說明掌握本質的具體方法。

・STEP1　微觀化・宏觀化：用更微觀、更宏觀的角度去思考

或許有人看了前面的說明之後，會覺得「微觀和宏觀劃分得很清楚」，但其實不是這樣。任何事情，從某種角度來看是微觀，從另一個角度看則變成宏觀。所有的事情都可以用更微觀或更宏觀的角度去思考。

例如，你看到「A市人口減少」，有什麼想法？你覺得是宏觀還是微觀？

從全國規模來看，A市就是微觀。「全國有很多城市人口都開始減少」，這句話比較宏觀吧？

另外，看到「A市人口減少」，會覺得資訊很粗略。如果換成說「A市老年人口比例增加，孩童人數減少。整體而言，人口變少了」，資訊就比較詳細了吧。

也就是說，「A市人口減少」這項資訊，可以是宏觀也可以是微觀。

在這裡，我們可以運用第1～4章的思考法。

首先，**原因思考和目的思考，可以讓我們用更微觀的角度去思考**。想一想「為什麼人口會減少」、「哪一個年代的人減少了多少」，以更微觀的角度思考事情。

反之，**上游思考和反面思考，可以讓我們用更宏觀的角度去思考**。透過這兩種思考法，我們可以想一下「A市人口減少的原因」、「換個角度來看A市人口減少這件事，可以得出什麼資訊」。

以下圖的方式呈現資訊，就更清楚了吧。

一件事並不能明確地畫分為微觀或宏觀，只能將之歸類於「偏向某一方」。任何事物可以是宏觀也可以是微觀。

・STEP2 連結微觀・宏觀：把兩句微觀和宏觀的句子，改寫成一句

整理好微觀和宏觀後，就可以從中過濾出本質。

請將偏微觀和偏宏觀的句子結合起來。

具體而言，就是把兩句話變成一句話。

以A市的例子來講，「A市老年人口比例增加，孩童人數減少。整體而言，人口變少了」和「日本人口減少」這兩句話，可以結合成「日本目前全國老年人口比例增加，孩童人數減少，人口正在減少」。

像這樣組合多個微觀和宏觀觀點。如果你寫出來的句子令人覺得「啊，了解這兩個部分，連同其他部分也能一起說明」，就表示這句話相當接近本質。以A市來

- 日本人口減少。
- 全國有很多城市人口都開始減少。
- A市人口減少。
- A市由於老年人口比例增加，孩童人數減少，人口變少了。
- A市過去10年65歲以上的人口增加了30%，新生兒減少了40%。

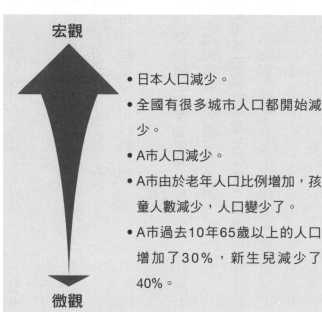

講，符合這個特質的句子就是「日本目前全國老年人口比例增加，孩童人數減少，人口正在減少」。

・STEP3　本質化：寫出能夠說明很多事情的句子，把句子改短。並且，找一找是否有表現這種現象的單字。

下一個步驟是把這句話縮短，兩句話結合起來後，就會變長。把句子改短，說白一點，請試著**用一個詞表現**。

例如，「日本目前全國老年人口比例增加，孩童人數減少，人口正在減少」這句話，其實就是**「少子高齡化」**。

牛頓將「除了蘋果，地球上的萬物都會被地球吸引」的現象稱為**「萬有引力」**。

就像這樣，很多我們認為是本質的現象，其實都已經有學術名稱。**我們可以把這些名稱定義為「本質」**。

照上述步驟做，就能找出本質。

《改寫生命的101個忠告》	羅賓・夏瑪（Robin S. Sharma）著　方智出版
除了偉人們的金句名言和事件之外，也蘊含了許多人生智慧的一本書。這些超越世代流傳下來的偉人名言，字字句句都接近本質。請一定要閱讀本書，了解本質為何。	

「尋求本質」這樣做

1「讀書應該重視基礎勝於應用」

STEP1 宏觀化1 基礎很重要。
宏觀化2 讀書首重打好基礎。
微觀化1 基礎沒打好就很難活用，所以應該打好基礎。
微觀化2 不先打好基礎也無法應用，所以應該以基礎為優先。

STEP2 連結微觀化1和宏觀化1
「由於不打好基礎就不會應用，所以讀書應該鞏固基礎。」

STEP3 「沙上建塔」、「本固枝榮」

2「主管最好什麼都別做」

STEP1 微觀化1 主管什麼都不用做的組織，才能成為強健的組織。

「日常洞察力」小訓練 No.25

Q 日本有很多車站前的商店街，都變成拉下鐵捲門的「沒落商店街」。這是為什麼？

微觀化2　系統運作順暢，主管什麼都不必管，部屬自動自發的組織，才是強健的組織。

微觀化3　主管建立運作良好的系統，不必事事下達指示，部屬也能自動自發把工作做好的組織，才是強健的組織。

STEP2　結合微觀化1和微觀化3

「我們應該成為系統運作順利，部屬自動自發，主管什麼都不必管的組織」。

STEP3　系統運作順利＝良好的「團隊建立」、「團隊管理」。

「主管最重要的職責就是團隊建立」。

「日常洞察力」小訓練 No.25

A　這題的解答關鍵是「站前」。在鄉下，很少人會搭電車去採買日常生活用品。大部分的人都是開車到大型商場大量採購食品和生活用品，買完再開車回家。而且，站前商店街是專門為電車乘客打造的商街。只要能注意到這題的本質是「電車和汽車」，就能立刻想通。

挑戰「尋求本質」！

【問題】

Q1 法國大革命的本質是什麼？

Q2 「經濟學」的本質是什麼？

Q3 資訊化的本質是什麼？

【答案】

A1 法國大革命

STEP1 宏觀化1 世界史的轉捩點。

宏觀化2 發生於法國、市民打倒君主專制政體的一場革命。

微觀化1 發生於法國，由被支配階級的市民推翻支配階級的專制王權。

微觀化2 一七八九年發生於法國，支配市民階級的專制王權被推翻，受此事件影響，開始形成由市民主導政治的社會。

STEP2 「發生於法國，市民推翻君主專制政體、建立市民主導的社會，成為世界史的轉捩點」。

STEP3 市民主導的社會＝共和制

「建立共和制、成為世界史的轉捩點」。

A2 經濟學

STEP1 宏觀化1 研究經濟的學問。

宏觀化2 研究經濟活動和經濟結構的學問。

微觀化1 從學術角度解釋世界上各種經濟活動、經濟結構及人們合理行動的學問。

微觀化2 分析、解釋各種經濟活動、經濟結構及合理行為的學問，諸如市場上金錢、商品等財產的流動、製造了多少、使用了多少以及如何分發等。

STEP2 「分析製造多少金錢、商品等財產以及如何分配才合理的學問」。

STEP3 金錢、商品、財產＝財貨、服務製造多少、如何分發財貨與服務＝生產、消費、分配。
「分析合理的財貨、服務生產、消費及分配之學問」。

A3 資訊化

STEP1 宏觀化1 使用資訊通訊科技，提高工作效率。
宏觀化2 使用資訊通訊科技，讓我們不再做白工。
微觀化1 利用機器、工具、網路設備，增加工作便利性，提升工作效率的機制。
微觀化2 手機、電腦、APP及AI的使用，使很多企業和業者的作業變得更省時省力，效率比以往更好。

STEP2 「企業和業者利用資訊通訊設備，減少不必要的工作程序，提升工作效率」。

STEP3 透過減少工作程序，提升工作效率＝增加生產力。
「企業和業者運用資訊通訊科技，提高生產力」。

東大思維
Point 38

很多本質其實早就有「名字」！

3 串聯本質，在「具體與抽象」之間來去自如：本質思考②

✓最快看清本質的終極方法

你應該稍微知道如何尋找本質了吧？透過上述方式，我們就能掌握事物的本質。

然而，其實**有一個方法可以跳過上述這些步驟，直接找出本質**，大家看到這句話，應該會氣死吧？

「搞什麼！那你應該先教這個方法啊！」

或許有人會不高興地這麼說。然而，這個方法大家應該都有嘗試過。每個人一定都看過那本內容盡是本質的書。所以東大生才會抱著這本書猛讀，理解本質。

你們猜得到是哪本書嗎？

教科書。

其實，我們所有人都看過的這本書，是匯集了各種知識本質的載體。

‧東大生人人都把教科書讀得滾瓜爛熟

或許你會覺得「怎麼可能那麼簡單」，但這才是東大生能成為東大生的原因。

東大是標榜「出題範圍不會超過課本」的大學。東大七十年前就已經宣告過，想考上東大，不必讀課本以外的書。

所以，據說想考上東大，必須把課本讀透。參考書終究是教科書的「參考資料」。很多東大生都不會拚命買參考書，而是以課本的內容為主。

我去過三次東大的考場，幾乎所有的考生考試前都拿著課本在念。大概是讀過多遍了吧，他們翻開破破爛爛的課本，做考前最後衝刺。

而且，**東大都是從教科書出題，問的都是如何運用這些知識**。只要讀通課本裡的本質內容，就答得出來。

「但是，課本有看沒有懂啊。」

應該有這種人吧。這種感覺，我非常感同身受。

我也曾經邊念課本邊覺得「唉，看不懂」，然後買參考書來讀。最後都在念參考書，念到有一天突然驚覺「奇怪？課本跑去哪了？」

．本質不好懂

在這裡很重要的一點是，**本質並不好懂**。

例如，教科書不會出現多餘的例子、有趣的說明等。而且，由於都是從根本知識開始說明，所以沒有任何表面的資訊。

參考書剛好相反，例子有趣、說明有趣，整理了許多很有機會考出來的重點，是充滿樂趣的書，也可以使學生在短期內拿到好成績。但這麼一來，會忽略本質的資訊。

只要**回顧我們的日常生活，就能了解這一點**。

我們平常不特別探究眼前事物的「原因」、思考「上游」、理解「目的」或探查「反面資訊」，也能活得好好的。不過，思考這些事，才能讓我們深入了解一件事。

站在這樣的觀點來看，一般日常生活是「參考書」，進一步探討生活裡的事物才是「教科書」。我們比較看得懂的是參考書，日常生活也是如此。**但是，我們需要教科書才能真正解決問題，深入了解事情**。

・為什麼要念書？

所以要怎麼念課本？

我不是否定參考書的價值，只不過本質的東西不好懂，而日常生活中非本質的表面現象，則淺顯易懂。只要連結這兩種，就更能掌握本質。

我在第0章中把「平常買的牛奶的產地」與「課本裡的近郊農業」串在一起。在第5章則是把牛頓發現「蘋果從樹上掉下來」的事實與「萬有引力」結合。同樣地，**你也可以把周遭事物與教科書的內容連結在一起**。

我和學生聊天的時候，曾被問過「為什麼要念書？」，我們可以從這個問題發現，從古至今「東大生」指的都是「讀書人」。

那具體而言，讀書有什麼好處？為什麼讀書可以讓腦袋變好？

我認為讀書的意義在這裡：**因為透過教科書可以讓我們理解日常生活中的一切**，讀書是為了認識身邊的一切事物。

因此，我們必須掌握「本質」，將本質與生活結合或與其他事物連結。

順道一提，東大入學考題中，就有很多題目都是結合「日常生活」與「本質」。

Q 請想一想為什麼會出現越來越多沒落的商店街。

Q 請計算撲克牌遊戲二十一點的勝率。

Q 請思考這個疊疊樂的磨擦係數。

Q 請解釋為什麼「晚霞晴，朝霞雨」？

跟這些題目一樣，東大有很多考題都是從日常生活中出發，測試考生是否理解本質。

學校的課程也是這樣。課堂上的主題經常是「從電影《哥吉拉》看日本與西歐文化觀的差異」、「從涉谷車站的結構看系統工程」等，以日常生活中的事物為題，讓學生學習

《全世界最難的100個問題》（*100 Questions de sciences á croquer*）
Roger Guesnerie、Jean-Louis Bobin 著

「如果數學消失，世界會變怎樣？」本書提出了100個「深奧問題」，讓我們理解本質。不僅問題本身就很好玩，也能應用在其他領域，因此我很建議透過這本書來學習「本質思考」。

本質知識。

我們不能只滿足於掌握本質。了解本質之後，還要思考如何將本質與日常生活連結。這麼做才能解決問題、深入了解事情。本書介紹的思考法，有助於達到這個目的。

東大思維
Point 39

我們掌握本質後不應就此滿足，必須思考如何將本質與日常生活連結。

✓連結本質與日常的「本質串聯」四步驟

接下來，讓我們來看看怎麼連結「本質」與其他事物。

・STEP0　找出你認為的「本質」和「具有本質性的資訊」。

請先尋找本質。書裡可以找到「具有本質性的知識」，所以從書本去找也不錯。

「日常洞察力」小訓練 No.26

Q 新聞報導指出，迪士尼樂園的遊客人數自2010年代起就不斷增加。2011年約2,500萬人、2018年則增加至2,800萬人。票價不降反升，遊客還能屢創新高，你知道是為什麼嗎？

・STEP1　理解本質：咀嚼、消化資訊。蒐集資料並思考，以了解你認為是本質的事情和其背景知識

在自己的腦海中咀嚼並消化本質。就算你看到「代數是指用文字代替數字」這句話，也可能不懂，覺得「是什麼文字？」、「所以具體而言到底是怎樣？」為了避免這種狀況，請確實思考並理解本質。

若想要真正理解本質，必須透過STEP2、3讓資訊具體化，因此STEP1到這裡就可以結束了。

・STEP2　連結學問：讀課本或書，找出能與本質連結的部分

例如以「代數」來講，代數課本裡寫的內容，多少都能與你找到的本質連結。無論是函數或二次方程式都一樣。找找有沒有可以和本質連結的知識吧。

・STEP3　連結生活：除了課本之外，找一找如何將你所發現的本質與日常生活中的事物或其他領域的知識結合。

「日常洞察力」小訓練 No.26

A　原因當然很複雜，不過我在這裡把「2010年代」當作關鍵字。這個時期發生過什麼事？智慧型手機逐漸普及，許多手機遊戲開始流行。也就是說，排隊已經不再是那麼辛苦的事。我認為這是令人感覺要花很多時間排隊的迪士尼樂園，遊客增加的原因。

「代數」這一科也可以應用在其他科目上。

例如，思考「國中所學的代數，如何連結其他知識？」就會發現代數可以和高中的數學相接，也會發現大學的「線性代數」和「工程學」等領域都會用到代數。另外，「以文字表現不同東西」這一點在程式語言中也是如此，抑或語言本身就有這樣的功能。

就像這樣，掌握本質就能將本質活用在各種方面。

「連結本質」這樣做

1

STEP0 「代數是指用文字代替數字」。

STEP1 數字＝數。例如1、2、3等。

文字＝x、y、z等非數字的記號。

STEP2 函數和二次方程式是「用文字代替數字」的公式。

STEP3 程式語言是「『取代』日常用語的語言，對電腦下指令」。

2

STEP0 「經濟學是分析財貨、服務合理生產、消費及分配的學問」。

STEP1 財貨、服務＝金錢、商品等。

生產＝製造財貨、服務。

消費＝使用財貨、服務。

分配＝分發財貨、服務。

STEP2 宏觀經濟學是從大範圍去研究經濟，分析政府和國家如何製造、使用、分配財貨、服務的學問。

微觀經濟學是從小範圍去研究經濟，分析企業和個人如何製造、使用、分配財貨、服務的學問。

3

STEP0 「資訊化是指企業和業者運用資訊通訊科技，提高生產力」。

STEP1 資訊通訊科技＝網路、手機等。

提高生產力＝沒有任何浪費，有效率地不斷發展新的服務。

STEP2 資訊系統工程是研究如何打造系統，才能透過資訊化提高生產力的學問。

STEP3 資訊化發達的企業，雖然生產力較高，但也有很多不需要利用資訊通訊科技的行業，資訊化的過程不順利。

透過 email 說明比打電話更清楚、用 Excel 管理資料比較輕鬆、線上審核比紙本審核方便。

挑戰「連結本質」！

【問題】

「基礎很重要」可以應用在哪些方面？

【請作答】

【答案】

如果是英文，不背單字和文法沒學好，就看不懂文章。
如果是數學，不知如何計算的話，就解不開應用題。
如果是國文，語彙量不夠的話，就看不懂文章。
如果是文章，不會句型就寫不出文章。
如果是書，看書方法不對，就會看不懂。
如果是遊戲，看達人怎麼玩，才能進步。
如果是運動，加強體力比訓練細膩的技巧更重要。

東大思維 Point 40

一旦掌握「本質」，就能廣泛地應用在學問和日常中。

Part 2

「洞察力高的人」，腦袋是這樣運轉的

——「東大思維」實踐篇

CASE 0

東大思維在「任何場合」皆一生受用

✓目標是從「明白」變成「實踐」

到目前為止，我介紹了「讓東大生變聰明的思考迴路」。你應該明白東大生都是從「日常」中學習了吧。

不過，明白卻不一定做得到。**「懂了」和「實踐」之間有很大的差異**。

就算教練一直在陸地上教你「身體這樣動，就會游泳了！」你還是不可能會游。你必須跳入水中多次、奮力地划水，水性才會越來越好，然後學會游泳。**思考法**也是如此。你們從今天起，一定都要在日常生活中實踐「東大思維」。

✓一旦學會東大思維，就隨時都受用

「但是，什麼時候適合實踐呢？」

或許有人會這樣問，有這種疑問的人，是不是忘了我在第0章說過的話呢？**東大思維是提升「日常生活的洞察力」**。也就是說，在日常生活中，只要是眼睛睜開的時候，都能持續實踐，我希望你們都能做到。

你在街上散步時，看到某個東西可以想一想「這是為什麼？」

你在工作時，可以思考「該怎麼做？」

「東大思維」適用於所有的時機，由於應用範圍相當廣泛，所以經常運用就能提升思考的品質。

當然，你不必一開始就做得很完美。因為，你會越來越上手。

我剛才舉過「游泳」的例子，以這個例子來講，「東大思維」把日常生活中的一切都當成在水中，無論何人何時何地，都能累積實踐的經驗。就當你現在正在水裡，慢慢學習游泳。

這麼一來，**你的思考一定會越來越清晰，日常生活的洞察力也會變高**。

因此，我在第2部分，要來具體介紹**聰明的人是如何在特定場合中運用東大思維**。

這些不同的日常生活場合都是我假設的，不過大家都可能會遇到，請大家閱讀時也一起實踐「東大思維」！

CASE 1

「你竟然還記得！」聰明人腦中的【原因思考】

1 絕對不會忘了聯繫工作事物和會議內容的人

有些人你很久以前跟他閒聊過，他卻還記得你們的聊天內容。

有些人鉅細靡遺地記住好幾個月以前的會議內容，不看筆記也能告訴你「當時是這樣說的」。

就像這樣，**經常被別人說「你竟然還記得！」的人，很令人羨慕吧。**

所以，我在CASE1中想教大家**「不會忘記聯絡工作和會議內容的方法」**。

【問題】

你公司的老闆寄了一封這樣的 email 給員工：

未來在會議中，請謹遵以下的「ABC三原則」。

A＝alternative（替代）：不要只否定別人的意見，應提出確實的替代方案以解決問題。

B＝betterment（改善）：不要劈頭就否定別人的企劃，應該想辦法精進其他人的方案。

C＝change（改變）：想一想別人的意見，有哪些具體的問題，該怎麼改善才會更好。

公司開會的效率奇差，遲遲無法採取下一步行動，時常導致專案停滯。這是因為大家經常把焦點放在問題點上，不斷提出否定意見，導致討論不出結果。如果不改變，開會只會變得沒有效率，拖累公司的業績。因此，提出否定的意見之前，請謹守上述三個原則再發言。

下次開會前，你必須把「ＡＢＣ三原則」牢牢記住。怎麼做才能記住呢？你們會用什麼方法去記呢？

多抄幾遍、不停背誦等方法很多，但我想很多人都重點式地只看「ＡＢＣ」的部分吧？並且覺得ＡＢＣ以外的內容不重要，就直接跳過不看。

然而，把本書從頭看到這裡的讀者，應該知道哪裡才是重點！

讓我們一起透過**「原因思考」**來找出重點。

2 因為知道「為什麼會這樣」所以永遠都記得住的【原因思考】

原因思考包括**「①尋找原因」**和**「②串聯關係」**。

✓尋找原因（請參考第47頁）

・STEP0　找出結果

在這裡結果指的是「A＝alternative（替代）」、「B＝betterment（改善）」、「C＝change（變化）」這三個原則。

・STEP1 找出具體事物

雖然信裡對這三個原則做了詳細說明，但具體事物則是那三個英文單字和隨後的中文翻譯「替代」、「改善」、「變化」。在這裡，我們以「A＝替代」來思考。

・STEP2 設問

不要死記這三個原則，而是思考**「老闆為什麼會要求員工遵守這三個原則」**？

雖然是老闆臨時寄出的信，但老闆絕對不是一時心血來潮，才要員工「好好記住這三則」，請好好思考一下原因。

・STEP3 了解背景

其實原因已經寫在信裡了。老闆在說明中已經提到**「大家開會時只會抱怨，導致專案停滯」**。

所以從「替代」的角度去思考，老闆希望員工「不要只否定別人的意見，應提出確實的替代方案以解決問題」。換句話說，因為大家都只會說「這樣不好」，才會拖延專案進度，因此老闆希望員工在否定別人的同時，也能說「這個方案如何？」提出其他方案。「替代」的意思是「取代某個東西」。而這個要被取代的「東西」，就是「會議中討論的企劃案」。

經過這樣的思考，我們就知道為什麼老闆會使用「替代」這個字。**因為知道原因，所以能輕鬆記住「替代」這個字。**

✓串聯關係（請參考第58頁）

那麼，又該怎麼記住「改善」和「變化」呢？我們可以透過②串聯關係來思考。

・STEP1　貼標籤

「大家開會時只會抱怨，導致專案停滯」是老闆提出這三原則的原因。讓我們把這個原因和剩下的二個原則連結起來。

・STEP2　找出關聯

B＝betterment（改善）：不要劈頭就否定別人的企劃，應該想辦法來精進其他人的方案。

C＝change（改變）：想一想別人的意見，有哪些具體的問題，該怎麼改善才會更好。

這兩個單字怎麼和「大家開會時只會抱怨，導致專案停滯」串聯起來？

我想可以用**「抱怨」**把這三個部分連結起來。這三個部分共通的地方是不要只會「抱怨」、否定別人的意見。讓我們用這點連結這三者。

・STEP3　關係串聯

B和C的宗旨都是**「不要劈頭就否定對方的意見，應該深入討論別人的意見」**。不要只會說「你的想法行不通！」而是說「如果可以像這樣改善這部分，應該會更好！」

也就是說，結合ABC三原則後，老闆希望員工「與其抱怨不如提出替代方案」、「如果沒有替代方案，就針對別人的意見提出改善策略和修改建議」。

✓ **「原因思考」告一段落後，則探討「上游資訊」**

並且，我們也可以將**「不要抱怨」視為上游資訊**。

「不要抱怨，提出替代方案」、「不要抱怨，提出改善策略」、「不要抱怨，提出修改建議」。不要嫌東嫌西，提出解決方案正是這三原則的主旨。

如果對這三原則有如此透徹的了解，就不可能會忘記吧。

就算忘了，只要記住「別抱怨」這個大原則，就不會因為開會時忘了遵守三原則而被老闆白眼了。

並且，只要記住「不要抱怨，提出解決方案」，就能立刻想到「替代」、「改善」、「變化」這幾個關鍵字。

如何？像這樣**找出「原因」，就能記住難記的事情，不僅忘不掉，就算忘了也可以很快回想起來**。請你們務必要落實這個方法。

CASE 2

「上台報告很流暢！」聰明人腦中的【上游思考】

1 一開口就讓所有人都聽懂的人

有人可以在眾人面前暢所欲言、口條清晰地表達自己的想法。談話內容淺顯易懂，聽眾都不禁點點頭，我們看到這種**「很會報告」**的人，會覺得「他一定很聰明」吧。

我在第2章中說過，冗長的說明使人困惑，**聽明的人說話簡潔扼要，直指本質**。

這裡所說的「說明」並不只是說話。**說明包括上台報告、製作演講簡報等**，我們常常在需要說明的時候，**不知道怎麼「整理重點」**。

所以，**我們看到報告得很流暢的人，都會覺得他們「聰明」**。其實，我聽過東大同學的報告後，就發現他們很會說重點，腦袋很靈光。

只要你懂得運用東大思維，也能成為上台報告流暢、很會整理資訊的人。我將透過以下案例為各位說明。

【問題】

你與部屬分享業務心得。

然而，屬下抱怨根本不知道你在說什麼。你覺得要修改哪裡，才能讓大家聽懂？

業務心得

・拜訪客戶！

・積極與顧客聊天！

・時時為顧客著想！

・實際上與顧客採取一致的行動！

・想一想顧客的生活和工作少了哪些東西？

似乎沒有哪裡寫錯，每一項都很有意義。但是，**很遺憾的是重點太多，無法令人產生想要一一實踐的動力**。

那麼，到底該怎麼修改呢？為什麼這份心得會讓人「聽不懂」？

2 從「頭」說起，讓大家都聽得懂的【上游思考】

我認為**這個心得不好懂的原因，出在只列舉了「下游資訊」**。

你不覺得雖然寫了這麼多項，但其實沒寫到真正的重點和心得分享的目的嗎？話說回來，拜訪顧客、與顧客聊天的行為，到底可以帶來什麼好處？

只要探討源頭，或許可以找出相同的「上游」。既然是相同的上游，就能歸納出好懂的資訊。

像這樣找出**「上游資訊」，就能摘要出報告的重點**。讓我們一起來試試上游思考的兩個思考法**「①探流查源」、「②摘要」**。

✓探流查源（請參考第77頁）

・STEP1　查詢用語的定義

「客戶」指的是顧客。

並且，這裡所說的「閒聊」，絕對不是聊「今天天氣很好」之類的話題。而是與工作沒有直接關係，但能讓你了解對方公司的必要**「職場閒聊」**。

當然，也可能真的是與工作無關、單純是字面上的「閒聊」。最重要的是，**這裡的「閒聊」有兩個意思**，你必須精密掌握用語的意義。

・STEP2 目的探查

話說回來，分享這份業務心得的目的到底是什麼？

詳細看過之後，拜訪顧客、聊天、為顧客著想……，都是為了「與顧客建立信賴關係」，然而，剩下的「與顧客採取一致的行動」和「想一想顧客的生活和工作少了哪些東西」，這兩點算是比較特殊，好像不是單純為了建立信賴關係。

那麼，「與顧客採取一致的行動」和「想一想顧客的生活和工作少了哪些東西」可以得到什麼好處？我想應該是**「需求」**。顧客想要什麼？要賣什麼產品給顧客？

透過上述兩個行為，即可掌握顧客的需求。

這樣看來，「拜訪顧客、聊天，為對方著想」也是為了**積極「掌握客戶需求」而做的行為**。這樣就能看出所有行動的上游資訊都是「掌握顧客的需求」。

・STEP3　探流查源

「掌握需求」。這就是業務心得分享的上游資訊。

若是如此，只要告訴部屬「思考客戶的需求很重要！」他們也會更了解業務工作。有些部屬會因為這句話理出跟這五項冗長心得一樣的感想，有些人則有其他的感想。

✓摘要（請參考第89頁）

透過上述步驟，我們說明了「流程」。接下來，**為了讓內容更簡潔易懂，請試著摘要這五項心得**。

・STEP1　上游探索

我們已經找出來了對吧。上游是「掌握需求」。

・STEP2 串聯

請將「掌握需求」與主管提出的五項業務心得串聯。

先利用「拜訪顧客」和「與顧客聊天」了解顧客的需求，再利用「站在顧客的立場」和「實際採取相同的行動」，思考「顧客少了哪些東西」，找出需求。

這樣就能整理出業務心得。

所以，**前面兩項可以歸類於「拜訪顧客」，後面三項可以歸類於「為顧客著想」**。

・STEP3 摘要

將上述內容做摘要後，即可整理出「實際與顧客聊天，了解顧客的需求」、「站在顧客的立場，與顧客採取一樣的行動，思考顧客想要什麼產品」。

這兩句話比原本的五句話更精簡好懂吧。

像這樣透過上游探查，就能讓別人聽得懂你的報告！

CASE 3

「他的指示一聽就懂」聰明人腦中的【目的思考】

1 下達指示絕對不會令人誤解的人

能夠對人清楚下達指令的人，感覺頭腦很不賴吧。**「他的指示很好懂！」**這樣的主管不正是理想的主管類型之一嘛。我想應該很多人都想成為這樣的主管。

不過，**下達指示其實是一件很難的事**。應該也有很多人煩惱不知道怎麼下達清楚的指示或者讓別人聽懂自己的指示等。

聽的人要麼做的不是指示者要他做的事，就是什麼都沒做……，雙方的溝通時常頻率不對，無法說清楚指示內容。

・指示就是告訴對方「目的」和「手段」

對方之所以沒聽懂你的指示，是因為你沒有告訴他第3章中所提到的**「目的」或「手段」**。

例如，你要大家「今天把辦公室打掃乾淨」。那到底要多乾淨？有些人會覺得必須一塵不染，也有人覺得稍微整理一下就可以了。

哪一方的行動正確，取決於指示的「目的」。

如果目的是「今天有電視台要來採訪，為了提升公司形象，請將辦公室打掃乾淨。」那最好整理得一塵不染。然而，如果你的目的是「最近辦公室看起來有點亂，稍微整理一下比較好。」那就不用太費力打掃。就像這樣，**「手段」是指示的具體內容，而「目的」會改變「手段」**。

反過來講，**也有可能「目的」相同，但「手段」不同**。

例如，假設有人對你說「我希望能盡快完成這項工作，所以請立刻著手。」有些人覺得「立刻」表示「明天之前」，有些人則認為是「今天、現在」。如果在這個用語上產生認知落差，雙方就會開始吵「我跟你說立刻，你怎麼花這麼多小時！」、「我今天不就開始動工了嘛！」

最重要的是說清楚「目的」和「手段」。請在這樣的理解下，思考以下問題。

【問題】

你是牛丼專賣店的店長，你希望打造一家讓顧客吃得開心的店。最近，店裡聘用了新員工。你對這位員工說「要注意幫客人倒茶」。然而，他並不知道到底要倒得多積極，所以一直沒有照你的指示做。該怎麼說明，他才會更積極地幫客人倒茶呢？

2 確實表達「目的」、「手段」，意思清楚的【目的思考】

這種狀況可以用的是第3章介紹的**「目的思考」**。目的思考包括**「①尋找目的」**和**「②手段選擇」**，請依序執行。

✓尋找目的（請參考第115頁）

・STEP1 設定目標

話說回來，為什麼要積極為客人倒茶？因為你希望打造一家讓顧客吃得開心的店。

為了達到這個目的，你希望店員在顧客喝完茶之前，就先把茶補滿。

「杯子裡的茶不會見底的店」，這就是你下達指示的「目標」。

・STEP2 目的選擇

從「不會讓客人杯子見底的店」這個目標逆推，就知道**「要在客人喝完茶之前，把茶**

補滿」。

客人沒喝茶，杯子就不會見底。如果不想讓杯子見底，只要看到客人喝茶，就去補茶即可。「在客人喝完茶之前，把茶補滿。」這個指示比較清楚吧。

· STEP3　設定目標．限縮目的

如果**用更具體的數據來陳述**「在客人喝完茶之前，把茶補滿」這句話呢？

例如，「三分鐘巡視一次，確認客人有沒有喝茶，如果快喝完了就補茶。」

不過，這樣的說明稍嫌複雜。

我建議可以改成**「看到客人的杯子傾斜超過45度的話，就倒茶。」**傾斜角度大，代表茶剩得不多。只要下達這樣的指示，對方一定聽得懂。

✓選擇手段（請參考第126頁）

你或許覺得這樣就算下達好指示了，**但如果你想要更高明，請執行「選擇手段」**。

· STEP0　設定目的

目的是「在客人喝完茶前把茶補滿，也就是成為不會讓客人杯子見底的店」。

・STEP1 目的分解

「不讓杯子裡的茶見底」是關鍵要點，因此要先抄下來。

・STEP2 尋找比喻

接下來，有哪些東西是**「以客為尊」**、**「永遠保持相同狀態」**？

我第一個想到的就是迪士尼樂園。迪士尼樂園園區總是打掃得一乾二淨，就算遊客亂丟垃圾，員工也一定會立刻撿起來。如果把目的比喻成**「想打造一間像迪士尼樂園的牛丼專賣店」**，雖然聽起來有點突兀，但應該非常明瞭易懂吧。

另外，旅館服務員碰到旅客有問題時，也會在第一時間上前關心。**「想成為像旅館服務員一樣的員工」**，也是很好懂的比方。因此，只要告訴員工，「目標是成為像迪士尼樂園般的牛丼專賣店」、「看到客人杯子傾斜45度以上，就要幫忙補倒茶」，員工就知道怎麼行動。

CASE 4

「你哪來這麼棒的點子？」聰明人腦中的【反向思考】

1 創意源源不絕的人

你們有做過「腦力激盪」嗎？這是以「點子越多越好」為目的，在「禁止批評」的原則下，有任何想法皆可提出的會議。

實際上進行腦力激盪時，**有的人可以想出令人訝異「怎麼可以想到這種點子!?」的有趣想法**，也有人像我以前一樣，腦筋一片空白，只能作啞。**我很羨慕點子很多的人。**

例如，遇到下面這種情況時，你可以想出什麼點子？請思考看看。

【問題】

公司的主管跟你說了以下這句話。

「想一想新冠病毒疫情後有什麼商機可尋，任何想法都歡迎，儘管說。」

聽到這句話，你們會有哪些點子呢？

2 改變「觀點」，激發各種想法的【反向思考】

運用第4章介紹的「**反向思考**」，就能從各種角度進行腦力激盪。反向思考包括「①**反面搜索**」、「**②探求新觀點**」。讓我們來實際運用看看。

✓反面搜索（請參考第147頁）

可以從哪些角度來思考前面這個問題呢？首先，我們先透過「①反面搜索」來思考。

・STEP1　選擇肯定、否定立場

首先，依據對新冠病毒採取肯定或否定態度，就會產生不同的立場。從經濟觀點來分析，往往會是否定態度，**因此我們在這裡就選擇否定立場**。

・STEP2　表面探查

為什麼新冠病毒會對經濟造成負面影響？這當然是因為政府實施非外出政策、限制群聚，許多觀光業、餐飲業、服飾店皆沒營業，導致經濟活動停擺。**這就是「表象」**。

・STEP3　反面探查

接下來，**請從這個表象的「反面」開始思考**。

實施外出自肅政策、限制群聚活動，**真的有害無利嗎？**在疫情時期，我們發展出許多「新生活型態」包括遠距會議和線上課程等。**正因為受限制，所以才會進步**。

並且，由於觀光業者、餐飲業及服飾業必須思考新商機，**所以也會發展出能夠幫助這些業者求得生機的職業**。例如，以餐飲業來講，Uber Eats 等提供外送和宅配服務的業者，就是在這樣的時期中蓬勃發展的新行業。

✓探求新觀點（請參考第158頁）

如何？反面探查讓我們產生好幾個想法。接下來是從反面以外的立場去思考，因此要「尋找新觀點」。

・STEP 1 觀點調查

我調查過後，發現現在有**「後新冠疫情時代」**（after Corona）**和「新冠疫情時期」**（with Corona）兩種觀點。後新冠疫情時代是指「新冠病毒威脅消失後的世界」，新冠疫情時期是指「新冠病毒威脅持續存在，人類與病毒和平相處的世界」。

也有急進和穩健兩種對立的觀點。有人認為「這種時候才應該開始新生活！」、「正好全面落實居家工作！」也有人認為現在正是對抗新冠疫情的時期，「更要審慎判斷」、「努力適應新生活」。

不同行業對新冠病毒也會有不同的想法。有的行業認為「影響沒有大家說得那麼嚴重。」相反地，也有業者覺得「必須更認真因應新冠病毒疫情。」真的有各種不同對立的觀點。

・STEP 2 觀點選擇

接下來，我們要思考各種立場的想法。而我雖然在第4章說過「列舉出各立場的三種意見」，但這次主管指示「有想法盡量提出」，所以不適用這一點。因此也不需要

「STEP3導出結論」。

肯定新冠病毒疫情的立場：由於人們有機會發展出新的生活型態，因此我們應該從中尋找商機。

(例)協助企業數位化、線上化的行業（數位轉型）、線上課程設備及備份產品。

後新冠疫情時代：我們應該思考新冠病毒疫情緩和後的世界。想一想當政府全面解除外出自肅政策後，有哪些需求會大增。

(例)慶祝新冠病毒疫情結束的派對企劃、派對用品以及適合終於可以返鄉探親的特別伴手禮。

新冠疫情時期：我們應該思考與新冠病毒疫情共存的生活。

(例)銷售口罩、消毒液等商品、協助企業數位化、研發保持社交距離的商品、研發預防感染的甜點袋子等。

急進派：這種時期才更應該嘗試新事物。

（例）從事需求漸高的YouTube事業。並且，協助急進派加入YouTube行業、販售居家工作的設備，並協助他們整備工作環境。

改變立場就能產生各種想法，希望你們都已經了解從「反面」觀察，才能「逆向思考」。

CASE 5

「交給他就對了！」聰明人腦中的【本質思考】

1 任何問題都能迎刃而解的人

最後是問題解決。世界上的問題多不勝數，**而能俐落解決問題的人，可說是腦袋瓜真正好的人**。我也想變成別人眼中**「把事情交給他處理就對了」**的人。想成為這種人，就要利用第5章介紹的**「本質思考」**。讓我們來看看如何具體運用這個思考法來解決問題。

【問題】

你任職的顧問公司，以一年一簽的方式提供客戶營運和行銷上的建議與協助。雖然公司具備優秀的業務能力拿下許多新合約，但問題是，願意簽第二年約的客戶很少。

客戶表示「服務費用不貴，意見也很實用，但一年就夠了」、「費用跟建議品質成正比，但不須要續約」。每個客戶都說「對服務很滿意，但好像不必要再簽一年約……」
究竟該怎麼做才能提高續約率？
真是個很難的問題。客戶雖然滿意，但都說一年就夠了……，到底本質上的問題出在哪裡？

2 因為能抓出本質上的課題，所以能解決問題的【本質思考】

有助於「問題解決」的方法，就是由「①**尋求本質**」和「②**本質串聯**」組成的「**本質思考**」。

✓尋求本質（請參考第182頁）

・STEP1 微觀化・宏觀化

【微觀化】

「續約率低」。我們如果用微觀的角度去思考這個問題，會怎樣呢？

我們先用**「原因思考」**來分析。續約率低的原因有很多，我們可以推測客戶之所以認為「一年就夠了」、「費用跟建議品質成正比，但不需要第二年」，是因為「簽一年約花得值得，但第二年就不太划算」。

接下來用**「目的思考」**來解析。如果目的是「提高續約率」，那或許問題出在沒有能夠「吸引客戶續約的方法」。

綜合思考這二個想法，就知道**如果有吸引客戶續約的方法就能解決問題**，例如「第二年起價格更優惠的專案」或「第二年起才提供的諮詢服務」等。

就像這樣，**只要透過微觀角度分析問題，就能產生各種想法**。

【宏觀化】

接下來請用**宏觀的角度**思考。如果用更廣的角度來看這個問題，究竟問題出在哪裡？

我們用微觀角度，得知問題出在「沒有有效的方案吸引客戶」，想出具體的短期解決策略，但如果以抽象和長期的眼光來思考，到底癥結點在哪裡？

首先我們要運用**「上游思考」**。如果「續約率低」是下游問題，那上游問題是什麼？我們第一個可以想到的是**「尚未與客戶建立信賴關係」**。如果與客戶關係良好，他們當然會續約，但事實卻非如此。

這可能是因為沒有與顧客建立起良好的信賴關係。也可能是單純因為**「品質差」**。如果顧問公司的提議真的有用，客戶就絕對會「簽第二年」，客戶或許就是因為沒看到效果，所以才不續約。

接下來是利用**「反面思考」**來「反」思。

這次的問題是「續約率低」，並對此採取否定態度，但**問題真的出在這裡嗎？**從相反的立場來看，這也可以是正面的現象。

雖然一年約到期了，但總算是有簽約。客戶對第一年的成效頗為滿意，因此還算可以接受。「一年就夠了」表示**第二年開始客戶可以獨立運作**，這也是客戶受益。

這麼一想，問題就不是「續約率低」了。反過來把此當作機會，提出「紮實輔導客戶，使客戶自第二年起能獨立經營」，利用這種不同方向的解決策略，並提高服務費用。

總結上述想法如下：

①客戶覺得第一年約簽得很有價值，但第二年續約就不太划算，所以續約率低。
②因為沒有吸引顧客續約的方案，所以續約率低。
③由於未與客戶建立信賴關係，因此續約率低。
④品質差所以續約率低。
⑤由於第二年起客戶即可獨立經營，因此續約率低。

・STEP2 連結微觀與宏觀

那我們來把上述這些想法連結起來吧。我在第5章說過，本質存在於微觀和宏觀之間。讓我們來找出本質。

雖然我們看到了不少問題，不過①和④可以像下面這樣結合。

「一年約雖然簽得有價值，但因為服務品質差，所以續約率低。」

這句話顯示出**「續約」的難度**。

例如，如果一個人買了一瓶一百日圓的水，他覺得「這瓶水有一百日圓的價值」，雖然他**不會抱怨這瓶水，但我們不確定他會回購一樣的水**。

但是，如果他覺得「這瓶水有一百一十日圓的價值」，他就有很高的機率會回購一樣的水。因為「感覺賺到十日圓，所以會想回購」。

但如果客人只是覺得「商品有他的價格」，就不會繼續回購。只有提供**「超過價格」的品質，客人才會持續回購**。

．ＳＴＥＰ３　本質化

從上述考察，我們可以過濾出以下本質。

「由於品質沒有超過價值，所以續約率低」。

這才是問題的本質。由於商品價值沒有超過價格，所以無法與顧客建立信賴關係，客人也才會覺得簽約一年就夠了。

✓本質串聯（請參考第196頁）

・STEP1 本質理解

「由於品質沒有超過價值，所以續約率低。」這句話包含了最核心的重點。做生意首重彼此受益的「雙贏」局面。然而，不能因為**「雙贏」，所以就讓彼此的利益呈現「5：5」的比例。**

比較常見的反而是以「4：6」的比例讓利給對方，或者以「7：3」的比例讓自己獲益較大……。即使時薪一千日圓，也很少有人的工作量是剛好一千日圓。有些人的工作量達一千一百日圓，有些人則只有九百日圓。

並且，這也是企業得以存續的原因。對做了一千一百日圓工作量的人說「辛苦了，我幫你調薪了喔！」稍微幫他們加薪。這麼一來，他們就會覺得「耶！那更要加把勁！」而這樣也能激勵只做九百日圓工作量的員工「努力工作」，做到一千日圓的工作量。

以這個設問的狀況來講，如果能讓客戶受益更多，他們越可能認為「第一年獲益良多，明年也要續約」、「服務相當超值，明年也繼續請你們協助」。

・ＳＴＥＰ２　連結學問知識

搜尋看看「這樣的想法是否早就存在」，可以找到「51／49法則」。我們可以找到很多相關解釋，而其中一種解釋是**「賣家和買家做生意時，如果稍微讓利給買家，生意會做得比較長久」**。這個解釋與剛才所說的本質雷同吧。

另外，也可以找到**「互惠原則」**這個術語。這個原則是指**「人類會回報別人對自己的好」**。也就是人如果覺得自己得到好處，就會想辦法回報對方。

這也說明了剛才說過的**「客戶如果覺得受益很大，就會續簽一年」**的心理。

・ＳＴＥＰ３　與生活連結

我們在生活中，也會下意識地採取這樣的行動，**很多現象都可以套用該法則來說明**。

例如，你在超市試吃後，很自然地會覺得要跟對方買些東西吧。生日收到禮物時，也會覺得自己應該在對方生日時回禮。

運用這項法則，就能想到**「可以在客戶決定是否續約前，先送禮點物」**。

掌握到本質，腦中就會浮現各種解決方法。

再者，在「思考本質」的過程中，**我們會察覺到很多新事物。除了想出解決策略之外，本質思考也有助於我們理解、思考及想像各種事物。**請你們一定要實踐本質思考。

卷末附錄

迅速培養「思考技術」和「洞察力」

東大思維重點總整理！

東大思維 Point1 區隔「聰明」和「笨」的因素不是才能，而是「思考迴路」。

東大思維 Point2 改變思考迴路，人人都能變「聰明」！

東大思維 Point3 「東大思維」就是「提高日常的洞察力」！

東大思維 Point4 東大生把「所有日常中的事物」都當作教材。

寫下小心得

東大思維Point5
「聰明的人」不一定擁有超強「記憶力」。

東大思維Point6
「記憶力好的人」在記憶前，會先「串聯」、「轉換」知識。

東大思維Point7
就記憶來講，「收納方式」比「容量」重要。

東大思維Point8
了解「結果」背後的「原因」，避免死記硬背。

寫下小心得

東大思維 Point9 從具體的事物思考「原因」，再逐步抽象化。

東大思維 Point10 將各種事物「串聯起來」，就能減少要記住的資訊量。

東大思維 Point11 在日常生活中，時時將各種知識「串聯」起來。

東大思維 Point12 摘要能力是指鎖定「一個」真正重點的能力。

寫下小心得

東大思維 Point13
留意所有事情的「背景」！

東大思維 Point14
掌握所有事物的「上游」，就能適當整理資訊。

東大思維 Point15
透過探索源頭，掌握事情的概況。

東大思維 Porint16
只要將眼前的現象與「上游」連接，就能寫出「人人都看得懂的摘要」！

寫下小心得

東大思維 Point17

摘要應省略「具體例子」和「數字」，只留下抽象和本質的部分。

東大思維 Point18

「能言善道」的人，「解說能力也很強」。

東大思維 Point19

說明就是把對方「已知的事情」與即將說明的事情連結。

東大思維 Point20

舉對方已知的資訊為例，就能迅速讓他了解你的話。

寫下小心得

東大思維 Point21
腦海中不能只有手段，確實想清楚目的才是關鍵！

東大思維 Point22
為自己的話下「標題」，任何事都瞬間變清晰易懂。

東大思維 Point23
盡量將「目的」變成具體的「目標」。

東大思維 Point24
請記住，人們無法理解跳躍式的說明。

寫下小心得

東大思維 Point25
依據具體的目的，時常把一些不錯的例子寫進筆記。

東大思維 Point26
「聞一知十」是指從不同立場和方向去看事情！

東大思維 Point27
擁有發想力的人＝能從很多地方「著眼」的人！

東大思維 Point28
從「贊成／反對」、「經濟／倫理」等各種對立的立場去思考事情。

寫下小心得

東大思維 Point29
否定你所肯定的、肯定你所否定的，養成這樣的習慣就能培養反向思考的能力！

東大思維 Point30
先決定「你的立場」，再思考反對意見。

東大思維 Point31
從兩面思考事情的訓練，是傳承超過三千年的「思考訓練」。

東大思維 Point32
多一點「看待事物的角度」，就能獲得好點子！

寫下小心得

東大思維 Point33
在自己的腦中辯論，「爭辯」一番！

東大思維 Point34
聰明人擅於從不起眼的事物當中找出「伏筆」！

東大思維 Point35
同時具備「微觀角度」和「宏觀角度」太重要了！

東大思維 Point36
靈活運用「微觀」和「宏觀」兩種立場，能培養問題解決的能力！

寫下小心得

東大思維 Point37
任何事物都有本質，本質存在於微觀和宏觀之間。

東大思維 Point38
很多本質其實早就有「名字」！

東大思維 Point39
我們掌握本質後不應就此滿足，必須思考如何將本質與日常生活連結。

東大思維 Point40
旦掌握「本質」，就能廣泛地應用在學問和日常中。

寫下小心得

結語

感謝你讀到最後！

我介紹了「東大生的思考法」，你覺得如何呢？你們實踐這本書介紹的方法了嗎？

我在書中不斷提到**「日常生活洞察力」**。

只要改變頭腦的使用方式，從日常生活中也能大量學習新知。

我認為這才是「學習」的本質。

日文中的學習寫做漢字「勉強」，帶有「勉為其難」、「強人所難」的意思，因此往往給人「受逼迫」的感覺。大家一想到讀書，就會想到坐在書桌前、打開課本或者聽老師或主管教課的印象。

但是，就像本書所說的，其實日常生活中就充滿著學習。表示「學校」的「school」，源自於古希臘語的「schole」。這個字的意思是「用來讀書、學習藝術的時間」。「讀書」原本是指「利用閒暇時間做快樂的事」。**人類為了消磨時間和樂趣，才發展出讀書的活動。**

並且，學習並不是被動接收資訊的行為。而是**質疑世界上各種事情、探查上游源頭、思考目的、進行反觀、找出本質的主動行為。**

「上課」的英文是「take a class」。「take」是「拿取」的意思，也就是說，上課的前提是聽課者採取主動的態度。

學習本來就是「積極」的行為。近來很流行「主動學習」（active learning），而我的一位教授朋友表示，「學習本身就是『主動』的行為，所以這個字看來有點畫蛇添足。」

學習是主動觀察、思考、享受日常生活。由於主動思考是一件快樂的事，因此人才能從中不斷學習。因此，我才會想透過本書傳遞**「學習的快樂」**。從平凡的日常中學習，改變思考就能看到不同的世界，深入理解各種事物。

我希望傳達的就是**「學習＝生活」**的快樂。若各位能實踐本書的方法，生活就會變得多采多姿，並且學習更多新知，沒有比這樣更值得開心的事了。

感謝所有看到這裡的讀者！我們有緣再會。

西岡壱誠

國家圖書館出版品預行編目資料

東大生的強者思維特訓課：提升記憶、表達、分析、創造力,不只考高分,任何事都學得快、做得好!／西岡壱誠著；楊毓瑩譯. -- 初版. -- 臺北市：商周出版：英屬蓋曼群島商家庭傳媒股份有限公司城邦分公司發行，2021.09
面；　公分. --（新商業周刊叢書；BW0781）
譯自：「考える技術」と「地頭力」がいっきに身につく東大思維
ISBN 978-626-7012-52-9（平裝）
1. 思維方法　2. 成功法
176.4　　110012584

BW0781

東大生的強者思維特訓課：

提升記憶、表達、分析、創造力，不只考高分，任何事都學得快、做得好！

原文書名／「考える技術」と「地頭力」がいっきに身につく東大思考
作　　者／西岡壱誠
譯　　者／楊毓瑩
企劃選書／劉芸
責任編輯／劉羽苓
版　　權／黃淑敏、吳亭儀
行銷業務／周佑潔、林秀津、賴正祐

總 編 輯／陳美靜
總 經 理／彭之琬
事業群總經理／黃淑貞
發 行 人／何飛鵬
法律顧問／台英國際商務法律事務所 羅明通律師
出　　版／商周出版
臺北市104中山區民生東路二段141號9樓
電話：(02) 2500-7008　傳真：(02) 2500-7759
E-mail：bwp.service@cite.com.tw
發　　行／英屬蓋曼群島商家庭傳媒股份有限公司　城邦分公司
聯絡地址／臺北市104中山區民生東路二段141號2樓
讀者服務專線：0800-020-299　24小時傳真服務：(02) 2517-0999
讀者服務信箱E-mail: cs@cite.com.tw
劃撥帳號：19833503　戶名：英屬蓋曼群島商家庭傳媒股份有限公司城邦分公司
訂購服務／書虫股份有限公司客服專線：(02) 2500-7718；2500-7719
服務時間：週一至週五上午09:30-12:00；下午13:30-17:00
24小時傳真專線：(02) 2500-1990；2500-1991
劃撥帳號：19863813　戶名：書虫股份有限公司
E-mail: service@readingclub.com.tw
香港發行所／城邦（香港）出版集團有限公司
香港灣仔駱克道193號東超商業中心1樓
電話：(852)2508-6231　傳真：(852)2578-9337
Email：hkcite@biznetvigator.com
馬新發行所／城邦(馬新)出版集團 Cite (M) Sdn. Bhd.
41, Jalan Radin Anum, Bandar Baru Sri Petaling, 57000 Kuala Lumpur, Malaysia
電話：(603) 9057-8822　傳真：(603) 9057-6622　E-mail: cite@cite.com.my

封面設計／FE Desigh 葉馥儀　電腦排版／唯翔工作室
印　　刷／鴻霖印刷傳媒股份有限公司
總 經 銷／聯合發行股份有限公司　電話：(02)2917-8022　傳真：(02)2911-0053
地址：新北市231新店區寶橋路235巷6弄6號2樓

■ 2021年9月9日初版
■ 2021年12月17日初版2.4刷
Printed in Taiwan

KANGAERU GIJUTSU TO JIATAMARYOKU GA IKKINI MINITSUKU TODAI SHIKOU
by Issei Nishioka

定價／380元
ISBN 978-626-7012-52-9（紙本）

ISBN：9786267012512（EPUB）

城邦讀書花園
www.cite.com.tw

商周出版

廣　告　回　函
北區郵政管理登記證
北臺字第10158號
郵資已付，免貼郵票

104　台北市民生東路二段141號2樓

英屬蓋曼群島商家庭傳媒股份有限公司城邦分公司　收

請沿虛線對摺，謝謝！

商周出版

書號：BW0781　　書名：東大生的強者思維特訓課

請於此處用膠水黏貼

商周出版

讀者回函卡

感謝您購買我們出版的書籍！請費心填寫此回函卡，我們將不定期寄上城邦集團最新的出版訊息。

不定期好禮相贈！
立即加入：商周出版
Facebook 粉絲團

姓名：＿＿＿＿＿＿＿＿＿＿＿＿＿＿＿＿＿＿＿＿ 性別：□男 □女

生日：西元＿＿＿＿＿＿＿年＿＿＿＿＿＿＿月＿＿＿＿＿＿＿日

地址：＿＿＿＿＿＿＿＿＿＿＿＿＿＿＿＿＿＿＿＿＿＿＿＿＿＿＿＿＿

聯絡電話：＿＿＿＿＿＿＿＿＿＿＿＿ 傳真：＿＿＿＿＿＿＿＿＿＿＿

E-mail：

學歷：□ 1. 小學 □ 2. 國中 □ 3. 高中 □ 4. 大學 □ 5. 研究所以上

職業：□ 1. 學生 □ 2. 軍公教 □ 3. 服務 □ 4. 金融 □ 5. 製造 □ 6. 資訊
□ 7. 傳播 □ 8. 自由業 □ 9. 農漁牧 □ 10. 家管 □ 11. 退休
□ 12. 其他＿＿＿＿＿＿＿＿＿＿＿＿＿＿＿＿＿＿＿＿＿＿＿

您從何種方式得知本書消息？
□ 1. 書店 □ 2. 網路 □ 3. 報紙 □ 4. 雜誌 □ 5. 廣播 □ 6. 電視
□ 7. 親友推薦 □ 8. 其他＿＿＿＿＿＿＿＿＿＿＿＿＿＿＿＿＿

您通常以何種方式購書？
□ 1. 書店 □ 2. 網路 □ 3. 傳真訂購 □ 4. 郵局劃撥 □ 5. 其他＿＿＿＿

您喜歡閱讀那些類別的書籍？
□ 1. 財經商業 □ 2. 自然科學 □ 3. 歷史 □ 4. 法律 □ 5. 文學
□ 6. 休閒旅遊 □ 7. 小說 □ 8. 人物傳記 □ 9. 生活、勵志 □ 10. 其他

對我們的建議：＿＿＿＿＿＿＿＿＿＿＿＿＿＿＿＿＿＿＿＿＿＿＿＿＿

【為提供訂購、行銷、客戶管理或其他合於營業登記項目或章程所定業務之目的，城邦出版人集團（即英屬蓋曼群島商家庭傳媒（股）公司城邦分公司、城邦文化事業（股）公司），於本集團之營運期間及地區內，將以電郵、傳真、電話、簡訊、郵寄或其他公告方式利用您提供之資料（資料類別：C001、C002、C003、C011 等）。利用對象除本集團外，亦可能包括相關服務的協力機構。如您有依個資法第三條或其他需服務之處，得致電本公司客服中心電話 02-25007718 請求協助。相關資料如為非必要項目，不提供亦不影響您的權益。】

1.C001 辨識個人者：如消費者之姓名、地址、電話、電子郵件等資訊。
2.C002 辨識財務者：如信用卡或轉帳帳戶資訊。
3.C003 政府資料中之辨識者：如身分證字號或護照號碼（外國人）。
4.C011 個人描述：如性別、國籍、出生年月日。

請於此處用膠水黏貼